Müller
Schonen schadet

ANDREAS MÜLLER

SCHONEN SCHADET

Wie wir heute unsere Kinder *v*erziehen

der bildungsverlag

Andreas Müller

Schonen schadet

Wie wir heute unsere Kinder verziehen

ISBN Print: 978-3-0355-1088-1

ISBN E-Book: 978-3-0355-1089-8

Layout, Satz, Grafiken und Illustrationen: bilderbeck.ch, Roland Noirjean

Bibliografische Information der Deutschen Nationalbibliothek:
Die Deutsche Nationalbibliothek verzeichnet diese Publikation
in der Deutschen Nationalbibliografie; detaillierte bibliografische
Daten sind im Internet über http://dnb.dnb.de abrufbar.

1. Auflage 2018

www.hep-verlag.com

Inhalt

1

Schonen schadet.
Oder:
Entwicklung braucht
Herausforderung.

Life is no sugarlicking. Im Gegenteil: Das Leben ist beschwerlich – sogar wenn man nichts tut. Selbst bei vollständiger Ruhe im Tiefschlaf benötigt der Organismus eine beträchtliche Energiemenge. Und bewegungslos liegend den Tag verbringen, das tut ja kaum jemand. Ab und zu muss man aufstehen. Und sei es auch nur, um etwas zu essen oder um pinkeln zu gehen.

Natürlich, liegen bleiben wäre wohliger, bequemer. Aber zu Ende gedacht? Liegen bleiben, nichts essen und nicht einmal pinkeln gehen – das ginge buchstäblich in die Hose. Und sich vorzustellen, wie das endet, na ja, das ist keine Sinnesfreude.

Kurz: Wer etwas will vom Leben, muss gelegentlich aufstehen. Allerdings: Etwas tun, eben beispielsweise aufstehen, ist anstrengender als nichts tun. Das gilt nicht minder für das innere, das gedankliche Aufstehen. Auch das geht nicht von selbst. Wer sich also weder körperlich noch geistig den Würmern ausliefern will, ist herausgefordert. Diese Herausforderungen steigen parallel zu den Ansprüchen – körperlich und geistig. Das heisst: Wer nicht daherkommen will wie ein Kartoffelsack, muss eine Leistung dafür erbringen. Sich bewegen beispielsweise.

Und wer seine geistigen Fähigkeiten nicht in den medialen Seichtgebieten versumpfen lassen will, muss etwas tun dagegen. Denken beispielsweise. Allerdings: «Denken ist die schwerste Arbeit, die es gibt. Das ist wahrscheinlich auch der Grund, warum sich so wenige Leute damit beschäftigen.» Das stammt von Henry Ford. Der gleiche Henry Ford, der auch zu bedenken gegeben hat: «Wer immer tut, was er schon kann, bleibt immer das, was er schon ist.» Das ist ein Appell, ein Aufruf, etwas zu machen aus sich, sich weiterzuentwickeln, aufzustehen gleichsam, immer und immer wieder.

DAS KOMFORTZONENMODELL

Aufstehen, etwas tun und sich womöglich noch anstrengen, das sind zwar Begriffe, die zum Zeitgeist in Widerspruch stehen. Aber Zeitgeist oder nicht: Menschliche Entwicklung, körperlich, geistig, emotional, ist das Ergebnis eines aktiv gestalteten Aufenthalts ausserhalb der Komfortzone. Die Komfortzone umreisst den menschlichen Wohlfühlbereich. Es ist der Schonraum, in dem sich Bekanntes und Bequemes die Hand reichen. Es ist jener Ort, an dem mich nicht viel Neues erwartet (zum Beispiel der Liegeplatz vor dem Bildschirm), es sind Situationen, die sich mit hoher Wahrscheinlichkeit so gestalten, wie sie es immer tun (zum Beispiel die Ausreden, die mir helfen, nicht laufen gehen zu müssen). Es ist der Lebensbereich, in dem ich mich mit Dingen beschäftigen kann, ohne etwas Neues lernen und können zu müssen (zum Beispiel beim Whatsapp-Dialog über neue Youtube-Filmchen).

Als Komfortzone wird also jener durch Gewohnheiten bestimmte Bereich bezeichnet, der die Menschen davor schützt, sich mit sich selber und dem Leben auseinandersetzen zu müssen. Das speist sich aus der irrationalen Auffassung, alles müsse leicht gehen. Und immer leichter. Anstrengungen und Unbequemlichkeiten werden deshalb aus der Komfortzone verbannt. Das hat zur Folge, dass qua definitione keine Entwicklung stattfinden kann. Und das wiederum macht die individuelle Komfortzone zu einer Art Refugium der kleineren und grösseren Lebenslügen und damit zum Lebensraum der körperlichen und geistigen Selbstbeschränkung. Die Folge: Man wird beschränkt.

Na ja, alles schön und gut. Aber es ist halt doch so behaglich. Und wer es sich in seiner geistigen und körperlichen Behaglichkeit lauschig eingerichtet hat, dem fällt es schwer, seine Komfortzone zu verlassen. Man muss sich da zuweilen einen rechten Tritt in den eigenen Hintern geben. Sich das bildlich vorzustellen, ist schon nicht ganz so einfach. Es zu tun, ist noch schwieriger. Dazu muss man nämlich den Hintern heben. Das strafft nicht nur die Gesässmuskeln, das ist auch die Vorbereitungshandlung für weitere Schritte. Wer steht, kann auch gehen. Sich bewegen, raus aus der Komfort- hinein in die Herausforderungszone. Und da – in der Herausforderungszone – beginnt das eigentliche Leben. Da wirds spannend. Da läuft etwas, buchstäblich. Das wissen jene Menschen, die schon mal aufgestanden sind. Also eigentlich alle. Und alle haben klein damit angefangen – die meisten als Kleinkinder. Zuerst krabbeln sie auf dem Boden herum. Das macht auf Dauer weder Spass noch Sinn. Denn erstens kommt man nur mühsam voran. Zweitens lässt der Blick von ganz unten die Welt bedrohlich erscheinen. Und drittens befinden sich viele überaus attraktive Dinge ausserhalb der Kriechreichweite. Also: aufstehen!

GEWOHNHEITEN SIND ZUERST SPINNWEBEN, DANN DRÄHTE.
FERNÖSTLICHE WEISHEIT

Gute Erziehung – gute Gewohnheiten

Zwei Drittel dessen, was wir tun (oder lassen), tun (oder lassen) wir aus Gewohnheit. Gewohnheiten steuern unser Verhalten. Erziehung ist deshalb eigentlich nichts anderes als gute Gewohnheiten aufbauen. Wer seine Kinder gut erziehen will, hilft ihnen, möglichst viele gute Gewohnheiten aufzubauen.

Das tun die Kleinen. Und sie machen das mit grosser Beharrlichkeit. Wenn man sie lässt. Sie versuchen es. Boing! Flach auf den Bauch. Noch einmal. Boing! Diesmal auf den Hintern. Und wieder und wieder. Gelegentlich tuts ein bisschen weh. Aber nur ein bisschen. Und nicht lange. Also weiter! So entdecken kleine Kinder die Welt. Und sie entdecken sich. Sie lernen ein paar Lektionen über das Leben. Zum Beispiel: Anstrengung lohnt sich, Beharrlichkeit führt zum Ziel, Frustrationstoleranz bringt den Erfolg. Natürlich lernen sie nicht diese Begriffe. Sie lernen die Konzepte. Sie lernen ein Verhalten. Und sie knüpfen entsprechende Muster. Eben: wenn man sie lässt.

Eigentlich hat sich die Natur das auch so gedacht. Kinder unternehmen erste Schritte mit Unterstützung. Dann lernen sie, alleine aufzustehen. Dann zu gehen. Dann herumzurennen. Und es liegt in der Natur der Sache, dass sie dabei immer wieder Bekanntschaft schliessen mit dem Boden – mehr oder weniger unsanft, von Fall zu Fall quasi. Bis vor wenigen Jahren war das normal.

Es war normal, dass Kinder sich langweilen können. Und wenn sie sich darüber beklagt haben, hiess es höchstens: «Dann bist du selber langweilig.» Es war normal, dass Kinder möglichst rasch auf eigenen Beinen stehen sollten. Und es war entsprechend normal, dass Kinder umfallen können. Die elterliche Reaktion darauf: «Du musst halt besser aufpassen.»

Unvorstellbar! In der heutigen fürsorglichen Belagerungskultur würde man sich als Eltern dem Verdacht der emotionalen Verwahrlosung der Kinder ausliefern. «Herrje, niemand nimmt sich dem armen Kinde an, wenn es ihm langweilig ist? Was sind das für Rabeneltern?!» Und wo Kinder früher hin und wieder etwas unsanft erfahren mussten, dass die Gravitation nicht erst später im Physikunterricht zur Fallnote werden kann, schützen heute gepolsterte Spielplätze kindliche Knie und Seelen. Die Lektionen im Fach «Lebenstauglichkeit» werden fortwährend aus dem Erziehungs*lern*plan gestrichen.

«Ersparen» heisst die Strategie, den Kindern die Zumutungen der Welt vom Leibe zu halten. Denn allein schon dieses Laufenlernen ist doch mitunter eine recht aufreibende und beschwerliche Kiste. Das ewige Umfallen, das ewige Aufstehen, mehr auf dem Bauch als auf den Beinen.

Da erweist sich der Kinderwagen schon als wesentlich komfortabler. Damit kann man den süssen Kleinen viel Mühsal ersparen. Und sich als Eltern auch. Nur trägt logischerweise der vorschriftsgemäss festgezurrte Aufenthalt im Kinderwagen dem – zumindest anfänglich – natürlichen Bewegungsbedürfnis der Kinder in keiner Weise Rechnung. Deshalb braucht es Ablenkungsmanöver. Süssigkeiten beispielsweise, die machen gefügig. Oder Süssgetränke. Jeder moderne, multifunktionale Kinderwagen ist bestückt mit mindestens zwei Trinkflaschen. Und sobald der Wonneproppen einen tiefen Luftzug holt, wird ihm vorsorglicherweise schon Mal der Schoppen in den Mund gesteckt. Betäubung heisst das Programm. Und nicht zu vergessen: Mittlerweile gibt es ja auch Bildschirmmedien für die

Knirpse im Kinderwagen. Als «Shut-up-Toys» werden die Geräte mit ihren Spiele-Apps und einem unerschöpflichen Repertoire an Videos bezeichnet. Was etwas despektierlich klingen mag, beschreibt präzis, um was es geht: Klappe halten und ruhig sitzen. Gut, als treu besorgte Eltern kann man sich natürlich auf den schier unbezahlbaren pädagogischen Wert solcher Medien berufen. Computer braucht man ja schliesslich heute in jedem Beruf. Und wer weiss, der Kleine will womöglich Game-Designer werden. Da kann es ja nicht schaden, wenn er schon ein biss-chen übt. Und das Verrückte: Es soll übrigens Menschen geben – Erwachsene sogar –, die solchen Schwachsinn wirklich glauben. Aber immerhin: So kann sich der hoffnungsvolle Nachwuchs bereits im Kinderwagen an den Bildschirm gewöhnen und muss sich nicht mit der langweiligen Natur beschäftigen, in der die grünen Bäume nur saisonal die Farbe wechseln und die Tiere sich verstecken. Da würde man sich ja in Geduld üben müssen.

Der Bildschirm macht da schon wesentlich mehr Spass. Sogar auf Kommando. Und gegen das laute und lästige Vogelgezwit-scher stülpt man dem Spross einfach coole Kopfhörer über die Ohren, vielleicht solche mit lustigen Zeichnungen von Singvögeln drauf. Flasche am Mund, Augen am Bildschirm und Kopfhörer am Ohr – so haben sie Ruhe vor der Welt. Und so lernen die

Kleinen, die schlaffe Bequemlichkeit zum Normalfall zu machen. Sie leben im Moment. Und dieser Moment ist subjektiv gesehen höchst behaglich.

Weder ist es Aufgabe der Kinder, noch sind sie in der Lage dazu, vorauszudenken und sich bewusst zu machen, welche Konsequenzen eine solche Lebensführung haben kann. Dafür haben – beziehungsweise hätten – sie Erwachsene. Das ist – beziehungsweise wäre – Aufgabe der Erziehung.

Dazu gehörte beispielsweise, dass Kinder lernen, sich mit sich selbst zu beschäftigen, es auszuhalten, wenn es ihnen einen Moment langweilig ist – und etwas dagegen zu unternehmen. Selber. «Selber» ist übrigens eines der Wörter, die den Anfangswortschatz kleiner Kinder prägen. Sie wollen selber – aufstehen, gehen, trinken, Schuhe binden, in den Spinat hauen. Das kann man fördern, aber das braucht seitens der Erwachsenen meist Zeit und gute Nerven. Und es birgt das Risiko, dass es schiefgehen kann – blutige Knie beispielsweise oder Spinat an der Decke. Die Liste liesse sich beliebig verlängern.

Das alles kann man dem Kind und vor allem sich selber ersparen. Also werden moderne Kinderwagen zu fahrenden Verpflegungs- und Medienposten aufgetunt. Das bindet die Aufmerksamkeit der Jungmannschaft. Deshalb gibt es Kinderwagen mittlerweile auch in verstärkter Ausführung für jene Brocken, die schon längstens laufen könnten – und vor allem sollten.

Auch die Rücksitze der Autos sind längst digital aufgerüstet worden. Die Kinder sind dadurch nicht mehr gezwungen, die Gegend anzuschauen und die Eltern mit Fragen zu löchern. «Warum überholen uns immer alle?»; «Was ist das für ein farbiger Bogen am Himmel?»; «Warum hat es auf dem Wasser so weisse Spitzen?»; «Darf ich die Mücke totschlagen?» Und besonders beliebt: «Wann sind wir endlich dort?» Die Bildschirme an der Rücklehne und die Stöpsel im Ohr sorgen für Ruhe. Die Kinder vergessen darob sogar, dass sie eigentlich pinkeln müssten. Und die Eltern müssen sich keine Blösse geben, wenn sie die Fragen nicht beantworten können, und sie ersparen sich die zeitvertreibenden Ratespiele à la «Ich sehe was, was du nicht siehst».

Was Hänschen nicht lernt

Zum Leben gehört – für die meisten Menschen jedenfalls –, dass nicht überall Milch und Honig fliessen und einem die gebratenen Tauben nicht in den offenen Mund fliegen. Noch bis vor wenigen Jahren war es völlig normal, dass etwas tun muss, wer etwas haben will. Und dass es dabei Eigenschaften gibt, die höchst hilfreich sein können. Impulskontrolle beispielsweise, also die bewusste Steuerung der eigenen Gefühle und Handlungen. Im Alltag ist Impulskontrolle vor allem dann bedeutsam, wenn es darum geht, unangenehme und unbequeme Dinge zu tun. Also häufig. Sie ist verwandt mit der Frustrationstoleranz. Die hilft einem, nicht gleich wegen jedes kleinen Widerstands in Tränen auszubrechen oder die Umgebung zu tyrannisieren. Und Gratifikationsaufschub versteht sich als Fähigkeit, im Moment auf Verlockendes verzichten zu können zugunsten eines längerfristigen Ziels.

Man muss nicht die Begriffe kennen. Aber es kann nicht schaden, sich der Konzepte dahinter bewusst zu werden. Mit seinem berühmten Marshmallow-Experiment hat Walter Mischel[1] die Bedeutung dieser Eigenschaften eindrücklich nachgewiesen. Wer sich als kleines Kind von einer Süssigkeit nicht verführen liess, sondern wartete, konnte später sein Leben signifikant

---

1 Walter Mischel (* 22. Februar 1930 in Wien) war ab 1983 Professor an der Columbia University und vorher an der Stanford University tätig. Mischels berühmter sogenannter Marshmallow-Test zeigt die Wichtigkeit von Impulskontrolle und Belohnungsaufschub für akademischen, emotionalen und sozialen Erfolg. Damit wird die Fähigkeit beschrieben, kurzfristig auf etwas Verlockendes für die Erreichung langfristiger Ziele zu verzichten.

erfolgreicher und glücklicher gestalten. Und noch etwas wurde deutlich: Diese weichenstellenden Eigenschaften werden in der frühen Kindheit aufgebaut. Oder eben nicht. Und mit zunehmendem Alter wird es immer schwieriger. Die Gewohnheiten verfestigen sich. Das Verhalten bildet Muster. Und jedes weitere Verhalten verstärkt diese Muster. So entstehen eine Art Trampelpfade im Gehirn. Wer sich angewöhnt hat (oder wer als Eltern seine Kinder daran gewöhnt hat), einer Situation auf eine bestimmte Art zu begegnen, wird das bevorzugterweise immer wieder so tun. Solange das gute Gewohnheiten sind – also beispielsweise jedes Ding immer gleich an seinen Ort zu versorgen –, erweisen sie sich als durchaus lebensdienlich. Schlechten Gewohnheiten dagegen – also beispielsweise alles dort liegen zu lassen, wo es gerade liegt – wohnt die Tendenz inne, sich zum Problem zu summieren. Häufig auch für die Mitmenschen. Erstaunlicherweise sind «Gewohnheiten» und «Verhaltensmuster» Begriffe, die einerseits recht abstrakt und andrerseits irgendwie harmlos erscheinen. Erstaunlicherweise deshalb, weil sie beides nicht sind. Gewohnheiten steuern zwei Drittel unseres Alltagsverhaltens. Was wir tun – und was wir lassen –, ist also meistens auf Gewohnheiten zurückzuführen, auf Verhaltensmuster, die wir im Verlaufe des Lebens aufgebaut und kultiviert haben. Gewohnheiten sind zuerst wie Bindfäden. Dann werden sie zu Stahlseilen. Und eben: Das beginnt, wie so vieles, klein und harmlos. Und folgt dem Grundsatz: Was kurzfristig bequem ist, rächt sich auf Dauer. Das heisst: Die unzähligen konsumatorischen Verführer, die die Befindlichkeit kurzfristig versüssen, können den Kindern längerfristig das Leben gründlich versauern. Und sie tun es meistens auch.

Das Paradies ist kein Menschenrecht

Nun, laufen lernen die meisten Kinder ja trotzdem. Zumindest schaffen sie es, auf zwei Beinen zu stehen. Aber die Art und Weise, wie sie das lernen, hat sich ebenso verändert wie die Art und Weise, wie sie es nutzen. Sie entdecken die Welt anders. Und sie entdecken eine andere Welt. Auch das sind Lektionen. Lektionen im Fach «Bequemlichkeit», Lektionen im Fach «sofortige Bedürfnisbefriedigung». Die Kinder lernen schnell. Sie lernen gerne. Und sie lernen viel – über den Weg des geringsten Widerstandes. Auf diesem Weg lernen sie, Anstrengungen zu meiden, die Komfortzone von innen zu verrammeln. Sie lernen, dass es «normal» ist, sich nicht selber zu bemühen. Doch das Paradies ist kein Menschenrecht. Den einen oder anderen Finger muss man schon rühren dafür. Früher hatten wir schliesslich auch keine Smileys. Wir mussten noch selber lachen. «Erfolg», so hat es Johann Wolfgang von Goethe formuliert, «hat drei Buchstaben: TUN!» Das gilt nicht nur fürs Lachen.
Die Geschichte der Menschheit ist auch eine Geschichte des Elends, der Nöte, der Entbehrungen. Erst die letzten Generationen sind hierzulande in eine Welt des zunehmenden materiellen Überflusses hineingewachsen. Für die Eltern verband sich mit dieser Entwicklung ein Auftrag: «Die Kinder sollen es einmal besser haben.» Und «besser haben» meinte – vielleicht neben einer guten Ausbildung – zuerst und vor allem: materielle Sicherheit. Zählbares war das, was zählt. Und daran hat sich nichts geändert. Im Gegenteil. «Shopping» ist kein Einkauf mehr zur Beschaffung irgendwelcher benötigter Güter, sondern entsteht aus dem Bedürfnis nach dem Einkaufserlebnis. Die permanente Verführung ist Teil dieses Spiels. Menschen gehen einkaufen, obschon sie gar nichts brauchen. Junge geben «Shoppen» mittlerweile als bevorzugte Freizeitbeschäftigung an. Haben ist selbstverständlich geworden. Und Wollen auch.

Erziehung: Was Eltern wollen
Angaben in %

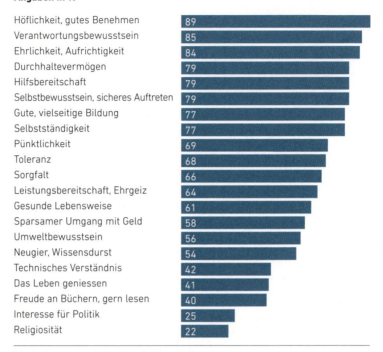

Höflichkeit, gutes Benehmen	89
Verantwortungsbewusstsein	85
Ehrlichkeit, Aufrichtigkeit	84
Durchhaltevermögen	79
Hilfsbereitschaft	79
Selbstbewusstsein, sicheres Auftreten	79
Gute, vielseitige Bildung	77
Selbstständigkeit	77
Pünktlichkeit	69
Toleranz	68
Sorgfalt	66
Leistungsbereitschaft, Ehrgeiz	64
Gesunde Lebensweise	61
Sparsamer Umgang mit Geld	58
Umweltbewusstsein	56
Neugier, Wissensdurst	54
Technisches Verständnis	42
Das Leben geniessen	41
Freude an Büchern, gern lesen	40
Interesse für Politik	25
Religiosität	22

Erziehung der Kinder ist heute:
Angaben in %

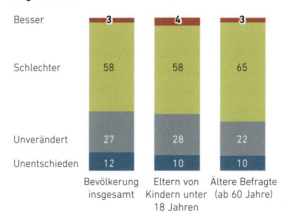

	Bevölkerung insgesamt	Eltern von Kindern unter 18 Jahren	Ältere Befragte (ab 60 Jahre)
Besser	3	4	3
Schlechter	58	58	65
Unverändert	27	28	22
Unentschieden	12	10	10

Basis: Bundesrepublik Deutschland, Eltern von Kindern unter 16 Jahren
Quelle: Allensbacher Archiv, IfD-Umfrage 5256, Februar/März 2009.

Verstärkt hat sich dieser Trend durch die zeitgeistige Selbstverständlichkeit, dass «mehr wollen» und «mehr haben» durchaus
nicht im Widerspruch stehen zu «weniger tun».

Arbeiten, sich anstrengen, fleissig und zuverlässig sein, mit solchen und ähnlichen Tugenden liess sich ein Leben meist einigermassen lebenswert gestalten. Oberflächlich betrachtet ist das
heutzutage nicht mehr nötig. Alles, was sich begrifflich mit «Anstrengung» verbindet, gehört deshalb zu jenen Dingen, die es
wenn immer möglich zu vermeiden gilt. Die Arbeitszeiten sind
kontinuierlich reduziert worden. Parallel dazu hat die Spasskultur fit gemacht für Fun. Doch das Problem: Auch die Freizeit gibt
zu tun, wenn man etwas aus ihr machen will. Die Freizeit wird
damit qualitativ und quantitativ zur Herausforderung.

Oder anders gesagt: Mit seinem Leben etwas anfangen, aus
seinem Leben etwas machen, das setzt voraus, sich anzustrengen, etwas zu leisten – und es gerne zu tun. Ganz einfach, weil
Leistung Freude bereitet. Und weil die Fähigkeit, sein Leben zu
gestalten, auch etwas Befreiendes hat. Wer also seinen Kindern
etwas Gutes tun will, wer will, dass sie es «besser» haben, der
erziehe sie dazu, die Anstrengung zu mögen, sich zu erfreuen an
der eigenen Leistung.

Doch das stösst in der Spassgeneration noch weiterum auf
taube Ohren. Ungebremst wird munter das Holz verbrannt, an
dem man sich später sollte wärmen können. Produktehersteller
und Politiker überbieten sich auf allen Kanälen mit Verspre-
chungen, mir das Leben einfacher zu machen, mir die Realitäten
des Lebens vom Leibe zu halten. «Fly now – work later», kaufe
jetzt – bezahle später, heisst der Konsens der gesellschaftlichen
Eventkultur. Das Leben wird zelebriert als eine Aneinanderrei-
hung von konsumierbaren Höhepunkten. Und die Medien führen
mir das mit grossen Buchstaben vor Augen. Mehr als die Hälfte
aller Werbungen zeigt bereits den erwünschten Zustand – das
superbe Essen wartet auf die gestylten Gäste am Tisch, der
schnittige Wagen steht vor der Tür, die braun gebrannten Men-

schen räkeln sich am einsamen Strand. Zugreifen, das Leben ist angerichtet.

Klingt ja verführerisch. Davon leben die Medien. Aber erstens ist es anders und zweitens wenn man denkt. Schnell mal die Welt retten, schnell mal ein Superstar werden, schnell mal eine Menge verdienen, so haben sich früher allenfalls Kinder ihren Werdegang vorgestellt. Im kindlichen Denken war das normal. Doch heute denken bei weitem nicht mehr nur Kinder so.

Die Medien sind voll von Menschen, die sich für nichts, aber auch gar nichts zu schade sind, um irgendwie aufzufallen. Dieses leistungsfreie Heischen um Aufmerksamkeit hat die Sprache um einen Begriff erweitert: Fremdschämen. Das Wort ist erst 2009 in den Duden aufgenommen worden und bedeutet, «sich stellvertretend für andere, für deren als peinlich empfundenes Auftreten schämen». Man kann davon ausgehen, dass Fremdscham wohl insbesondere populär geworden ist, seitdem es «in» ist, sich zum Beispiel im Fernsehen die Blösse zu geben.

Und die sogenannt sozialen Medien haben die Welt dann vollends zu einer Casting-Gesellschaft verkommen lassen. Um Beachtung zu finden und «geliked» zu werden, produzieren sich Menschen hemmungslos auf der nach unten offenen Skala der Peinlichkeiten.

Auffallen heisst das Ziel – um jeden Preis, aber nicht durch Leistungen. Das dauert zu lange und ist zu unbequem. Dass echter und nachhaltiger Erfolg meist das Ergebnis eines längerfristigen und anstrengenden Prozesses ist, wird noch so gerne ausgeblendet angesichts der verführerischen Aussicht auf schnellen Gewinn.

Tritt in den eigenen Hintern

Die mediendominierte Gesellschaft hat sich die Kinder und Jugendlichen zur Beute gemacht. Sie lassen sich gerne entführen in die Märchenwelt des Glücklichseins beim Nichtstun. Und zugegeben – die meisten digitalen Medien und Computerspiele machen das hervorragend. Das können sie. Davon leben sie. Tausende von hochprofessionellen Leuten auf der anderen Seite des Bildschirms sind mit der Aufgabe betraut, die Selbstdisziplin des einzelnen Mediennutzers zu untergraben, ihn daran zu hindern, nein zu sagen. Und wie man unschwer erkennen kann: Das machen sie saugut.

Vor einem solchen Hintergrund die jungen Menschen zum Tun zu erziehen, ihnen Freude an der Leistung zu vermitteln, das ist wahrlich kein leichtes Unterfangen.

Früher haben die «Welt» und hat das «Leben» die Eltern bei der Erziehung unterstützt. Erstens waren Geschwister oder Grosseltern ebenso aktive Partner wie die Verwandten oder Bekannten in der Nachbarschaft. Und zweitens: Das Leben gab zu tun. Es war in gewisser Weise Handarbeit. Und da hatten sich Kinder zu beteiligen.

Im heutigen 1,2-Kinder-Haushalt fehlen meist die Geschwister. Die Grosseltern leben auch nicht mehr unter dem gleichen Dach. Und von den Nachbarn lässt man sich sicher nicht in die Erziehung reinreden (falls sie sich überhaupt noch trauen würden). Also hängt die ganze Erziehung an den Eltern – die häufig auch nicht zu zweit oder dann in unterschiedlichen Konstellationen diese Aufgabe übernehmen. Alleinerziehend heisst das Stichwort.

Kommt hinzu: Die Kinder haben heute jede Menge Zeit – sogar wenn sie schon schulpflichtig sind. Aufs ganze Jahr gesehen, also die Ferien miteingerechnet, geht ein Kind durchschnittlich etwa drei Stunden pro Tag zur Schule. Und wenn man für das Schlafen acht Stunden rechnet, Zeit für Essen, Hausaufgaben, Sport dazuzählt, dann bleiben durchschnittlich etwa zehn Stunden pro Tag, die zu gestalten sind. Unter anderem hat das damit zu tun, dass dem häuslichen Leben das Anstrengende wegmodernisiert worden ist. Das hat durchaus auch unbestrittene Vorteile. Aber der quasi natürliche Erziehungseffekt des mitunter anstrengenden häuslichen Lebens ist weggefallen. Was bedeutet: Er muss irgendwie kompensiert und künstlich erzeugt werden.

EVERYONE WHO THINKS SUNSHINE IS HAPPINESS HAS NEVER TRAINED IN THE RAIN.

Kinder brauchen Aufgaben. Echte Aufgaben. Ein Beispiel dafür liefert René Prêtre, einer der besten und erfolgreichsten Kinderherzchirurgen der Welt. Bei seiner Arbeit geht es um Leben und Tod. Tausende von Stunden hat er bei höchster Konzentration im Operationssaal verbracht. Seine ausserordentlichen Fähigkeiten führt er auch zurück auf seine Kindheit, auf die Arbeit, die er jeden Tag auf dem Hof seiner Eltern leisten musste. Im Stall, auf dem Feld, beim Reparieren von Traktoren.[2] Nun wachsen nicht alle Kinder auf Bauernhöfen auf. Aber alle haben die Möglichkeit, etwas zu tun, Aufgaben und Verpflichtungen zu übernehmen, zu erfahren, dass es durchaus Spass machen kann, Dinge zu tun, die auf Anhieb keinen Spass machen.

Entwicklung braucht Herausforderung. Auf dem Weg in die Herausforderungszone brauchen Kinder glaubwürdige und aktivierende Begleiter. Erwachsene – Eltern – zum Beispiel. Aber Körpergrösse oder Alter sind noch keineswegs eine hinreichende Voraussetzung, es besser zu machen als die Jungen. Denn wer hat die Situation – so oder ähnlich – nicht schon erlebt: Da nehme ich mir vor, noch ein bisschen rauszugehen, mich zu bewegen. Dann ziehen Wolken auf, es beginnt zu regnen, es ist kalt. Scheisswetter halt. Sofort fallen mir eine Menge Gründe

---

2   Brinkbäumer, Klaus/Bayer, Susanne/Höger, Clemens et al.: Kontrenzier dich!
    In: Der Spiegel, Ausgabe 15/2015.

ein, weshalb die Idee mit dem Rausgehen vielleicht doch nicht
so clever ist. Sie werden untermauert durch mindestens ebenso
viele Alternativen, Dinge, die ohnehin dringend noch gemacht
werden sollten, also beispielsweise nachschauen, was im Fernsehen kommt oder ob mir jemand eine E-Mail geschickt hat,
oder im Internet schauen, wer gestern Abend die Tore geschos-
sen hat. Als Gegenmodell zum Joggen bei schlechtem Wetter
eignen sie sich allemal. Sie sind viel bequemer, ich bleibe schön
trocken und überhaupt …
Doch dann gebe ich mir einen Tritt in den Hintern, rede mir
ein, dass es kein schlechtes Wetter gibt, sondern nur falsche
Kleidung, und mache mich auf. Allein schon dieser Entscheid
vermittelt ein gutes Gefühl. Sich überwunden zu haben, sich
gedanklich auf die eigene Schulter zu klopfen, sich beim Gutsein
zu erwischen, das tut gut.
«Wer sich selber nicht mag», hat Friedrich Nietzsche einst
zu bedenken gegeben, «ist fortwährend bereit, sich dafür zu
rächen.» Erziehung bedeutet deshalb auch: dafür sorgen, dass
Kinder sich mögen. Und wann mögen sie sich? Wenn sie stolz
sind auf das, was sie gemacht und geleistet haben. Wenn sie
sich kompetent und selbstwirksam erleben. Und das möglichst
häufig.

Schonen schadet

Im Wort «Herausforderung» steckt das Wort «Forderung». Wer
fördern will – zum Beispiel als Eltern die Kinder –, muss fordern.
Dabei darf es aber nicht bleiben. Noch wichtiger ist, dass junge
Menschen lernen, sich selbst zu fordern, nicht mit dem erstbesten Ergebnis zufrieden zu sein, die Trainingsvorschläge des
Lebens zu nutzen. «Training» steht allgemein für alle Prozesse,
die eine Entwicklung verändern. Zunächst verstand man darunter nur die «Abrichtung und Schulung der Pferde». Später wurde

SUCCESSFUL PEOPLE FORM THE HABIT OF DOING WHAT FAILURES WON'T DO.

Aufstehen – strukturelles Startsignal

Morgens aufstehen – regelmässig und rechtzeitig –, das ist guten Gewohnheiten zuträglich. Denn das regelmässige, strukturelle Startsignal bringt zeitliche Ordnung im Leben. Damit verbunden ist die Forderung: Kinder und Jugendliche ja nicht liegen lassen – im wahrsten Sinne des Wortes. Zeit haben heisst, nicht erst auf den letzten Zwick aufzustehen – sondern beispielsweise eine Stunde früher als nötig. Das entschleunigt!

Und übrigens: Es gibt keinen Grund, in den Ferien oder am Wochenende liegen zu bleiben und zu Gammelfleisch zu werden. Im Gegenteil: Es gibt mehrere Gründe, das nicht zu tun. Einer davon heisst: «sozialer Jetlag». Er führt auf Dauer zu Übergewicht, Schlafstörungen und Depressionen. Und Eltern, die das zulassen, machen sich zu Komplizen.

der der englischen Sprache entnommene Ausdruck (englisch: to train someone = jemanden erziehen, schulen) auch verwendet für all jene Aktivitäten, die den Menschen darin unterstützen sollen, «besser» zu werden.

Training wird gedanklich meist mit Sport verbunden. Das ist naheliegend. Wer seinem Körper etwas Gutes tun will, der muss ihn trainieren. Und ebenso naheliegend ist: Es gibt kein bequemes Training. Wer den Bewegungsapparat pflegen will, muss ihn belasten. Er braucht diese Belastung, sonst geht er zugrunde. «Wir sind nun einmal Kinder dieser Erde und brauchen den Widerstand, um zu wachsen. Und wenn der Widerstand weg ist, werden wir schwach, dann lösen sich die Muskeln und die Knochen auf – wie wir es bei den Astronauten ja sehen.» Der dies sagt, ist Werner Kieser, der Erfinder der gleichnamigen Trainingskonzepte.[3] Und er stellt fest: «Wir leben im Durchschnitt alle unter dem idealen Kraftmass. Wir sind schwach. Wir haben die Tendenz, uns alles abnehmen zu lassen. (...) Die Muskeln müssen gewartet werden, sonst verkommen sie.» Ein gesellschaftliches Handicap für eine förderliche Entwicklung sieht er in der weit verbreiteten Spasskultur. Und er wünscht sich die Einsicht in die Notwendigkeit, «dass nicht alles Spass machen muss. Das ist selten heutzutage, weil die ganze Gesellschaft verzuckert wird.» Heisst: Man kann sich auch zu Tode schonen.

Und was für den Körper gilt, gilt in übertragenem Sinne auch für den Geist. Sich mit Dingen beschäftigen, die sich nicht ins Format einer Soap trivialisieren oder als Selfie verschicken lassen, das lässt sich durchaus mit sportlichen Leistungen vergleichen. Denn auch hier gilt: Es fordert heraus, es gibt zu tun, es kann mühevoll sein, unbequem in Form und Inhalt.

Hier zeigt sich einer der Hauptunterschiede zwischen Menschen: Es gibt jene, die fähig und willens sind, Herausforderungen anzunehmen und sich ihnen zu stellen. Und es gibt die anderen, die gelernt haben, sie zu umgehen und zu meiden.

Und es ergibt sich daraus eine Hauptaufgabe für die Erziehung: Heranwachsende dabei zu unterstützen, mit Widerständen konstruktiv umzugehen – nicht, sie zu umgehen.

Auf Dauer funktioniert das freilich nur dann, wenn sich daraus eine Art Lebenshaltung entwickelt. Sich fit zu fühlen, das ist nicht ein Zustand, sondern eine Einstellung.

---

3   Goltz, Tobias: In der Kirche gibt es auch keine Saftbar. Planet-Interview mit Werner Kieser. 02.03.10.

2

Generation

Kartoffelsack.

Oder:

Bewegungsarmut

macht krank.

Kleinkinder sind alleine nicht überlebensfähig. Deshalb gibt es Menschen – zum Beispiel Eltern –, die für sie sorgen. Sie geniessen einen Rundumservice, werden gefüttert, gehätschelt, gepudert. Allerdings: Dass sich das bis fast ins Jugendalter hineinzieht, das war mitnichten die ursprüngliche Idee. Im Gegenteil: Die Fürsorge diente dem Ziel, dass Kinder möglichst schnell einmal auf eigenen Beinen durchs Leben gehen sollten. Buchstäblich.

Und das haben Kinder auch getan. Eine Studie aus Sheffield zeigt eindrücklich, welchen Aktionsradius Kinder früher hatten. Und wie der innerhalb von nur vier Generationen auf ein kümmerliches Refugium zusammengeschrumpft ist. Kinder waren noch vor wenigen Jahrzehnten innerhalb eines grösseren Gebietes alleine unterwegs, allenfalls mit Freunden, aber sicher ohne Eltern. Das war aber keineswegs nur in Sheffield so. Auch hierzulande hatten wir als Kinder einen beträchtlichen «Auslauf». In meiner Jugend sind wir zum Fischen an einen Fluss gegangen – zu Fuss etwa eine Stunde. Wir sind mit dem Fahrrad an einen kleinen See gefahren zum Baden – auch eine knappe Stunde. Zum Schlittschuhlaufen trafen wir uns auf einem grossen Weiher – zu Fuss eine Stunde von zu Hause entfernt. Selbstverständlich waren weder die eigenen Eltern noch andere Erwachsene dabei. Und ebenso selbstverständlich gab es zu jener Zeit keine Handys. Die (fast) einzige Regel lautete: Zum Abendessen musst du zu Hause sein. Das war der normale Alltag eines Heranwachsenden. Neben den üblichen Verpflichtungen in Haus und Garten fand das Leben irgendwo draussen statt. Drinbleiben, das wäre eine Maximalstrafe gewesen. Hausarrest quasi. Entsprechend waren Kinder und Jugendliche in einen bewegungsaktiven Alltag eingebunden, einen Alltag, auf den die Eltern nur wenig Einfluss nahmen. Wir entdeckten auf die Weise die Welt. Wir lernten nicht nur Fische fangen, wir lernten auch vorsichtig zu sein, wir lernten, Regeln und Vereinbarungen auszuhandeln und sie einzuhalten, wir lernten, uns zu beschäftigen.

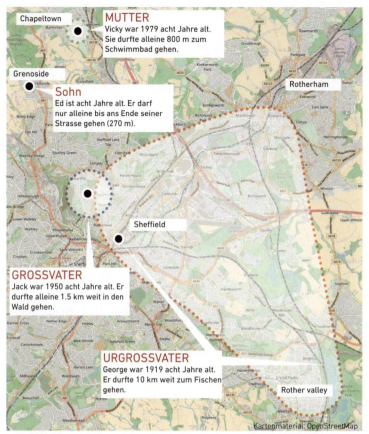

MUTTER
Vicky war 1979 acht Jahre alt.
Sie durfte alleine 800 m zum
Schwimmbad gehen.

Sohn
Ed ist acht Jahre alt. Er darf
nur alleine bis ans Ende seiner
Strasse gehen (270 m).

GROSSVATER
Jack war 1950 acht Jahre alt. Er
durfte alleine 1.5 km weit in den
Wald gehen.

URGROSSVATER
George war 1919 acht Jahre alt.
Er durfte 10 km weit zum Fischen
gehen.

Kartenmaterial: OpenStreetMap

Quelle: http://www.dailymail.co.uk/news/article-462091/How-children-lost-right-roam-generations.html
(1.1.2018).

Wir lernten, uns abzusprechen, um uns zum Fussballspielen zu
treffen (es gab ja kein Handy) – und es funktionierte! Wir lernten,
uns für jedes Wetter richtig anzuziehen. Wir lernten, vorauszudenken und einen Apfel oder ein Stück Brot mitzunehmen. Und:
Wir lernten, uns zu bewegen. Wie heisst es doch: Das Leben ist
der beste Lehrmeister. Die Bedingungen waren schwieriger,
buchstäblich schonungsloser, dafür umso förderlicher.

Dem Leben Beine machen

Ohne Frage, die Lebensgewohnheiten und mit ihnen das Bewegungsverhalten der Kinder und Jugendlichen haben sich radikal verändert. Die Folgen sind buchstäblich unübersehbar. Sie zeigen sich aber bei weitem nicht nur bei den Kleidergrössen. Die körperliche Gesundheit leidet. Und wie!
Eine österreichische Studie[1] mit 65 000 Kindern und Jugendlichen kam schon vor zehn Jahren zum Schluss, dass sich das körperliche Leistungsvermögen der Heranwachsenden «in höchstem Masse besorgniserregend» darstelle. Das betreffe die Rumpfmuskelkraft (Haltungsschäden und Wirbelsäulenerkrankungen), koordinative Fähigkeiten (Beeinträchtigung der Alltagsmotorik bei Anforderungen an das motorische Gleichgewicht), motorische Grundlagenausdauer (Herz-Kreislauf-Erkrankungen). Im Vergleich zu früheren Studien zeigten sich degenerative Prozesse. Das heisst nichts anderes als: Die körperlichen Fähigkeiten bilden sich zurück. Es wird immer bedenklicher. Und zwar keineswegs nur in Österreich.

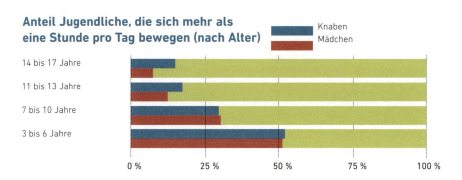

Anteil Jugendliche, die sich mehr als eine Stunde pro Tag bewegen (nach Alter)

Knaben
Mädchen

14 bis 17 Jahre
11 bis 13 Jahre
7 bis 10 Jahre
3 bis 6 Jahre

0 %　　25 %　　50 %　　75 %　　100 %

1　Müller, Erich/Fastenbauer, Verena/Redl, Sepp: Bericht zur Erhebung der motorischen Leistungsfähigkeit 10- bis 14-jähriger österreichischer SchülerInnen. Ergebnisse und Folgerungen. 2008. Publiziert online: http://www.klugundfit.at/dokumente/kuf_bericht08_web.pdf.

Vergleichbare Forschungen in der Schweiz und in Deutschland kommen – die Überraschung hält sich in Grenzen – zu ähnlich alarmierenden Ergebnissen. Massstab ist die Empfehlung der Weltgesundheitsorganisation: Kinder sollen sich pro Tag eine Stunde bewegen – nicht Sport treiben, einfach bewegen. Das ist das Minimum. Von den Drei- bis Sechsjährigen erreicht gerade mal die Hälfte dieses nicht sonderlich herausfordernde Ziel. Noch einmal zur Verdeutlichung: Nur die Hälfte der Vorschulkinder bewegt sich mindestens eine Stunde pro Tag. Mit zunehmendem Alter mutiert die Jugend dann vollends zur Generation Kartoffelsack. Noch ein bisschen mehr als zehn Prozent der älteren Knaben schaffen es, sich im Durchschnitt eine Stunde pro Tag aus einer sitzenden oder liegenden Schlaffheit aufzuraffen. Und bei den Mädchen sieht die ganze Sache noch bedenklicher aus. Ein Blick auf die Grafik macht das Ausmass deutlich: Die gelben Balken zeigen, wie viele Kinder es **nicht** schaffen, täglich eine Stunde (!) den Hintern zu heben. Da reagiert nicht einmal mehr der Bewegungsmelder. Eigentlich eine traurige Bilanz. Eine himmeltraurige sogar.

Bezogen auf das gesundheitliche Schadenspotenzial ist Sitzen das neue Rauchen. Einen wesentlichen Unterschied gibt es allerdings: Beim Rauchen bot sich die Zigarettenindustrie als unsympathischer Sündenbock geradezu an. Und dankbar prügelten alle auf sie ein. Man deckte sie mit Prozessen ein, man verbot die Werbung, das Rauchen in öffentlichen Räumen, man bedruckte die Zigarettenpackungen mit Horrorszenarien – mit mässigem Erfolg, aber allseits reinerem Gewissen.

Und wer kriegt nun die Arschkarte für die flächendeckende Bewegungsidiotie? Wem könnte man die Verantwortung für das kindliche Herumhängen in die Schuhe schieben? Den Sitz- und Liegemöbel-Herstellern? Kaum! Den Medien? Noch unwahrscheinlicher! Der Schule? Die böte genug Angriffsfläche und könnte einiges in Lot bringen – weit über den Schulsport hinaus. Und wer bleibt noch? Klar, die Eltern und die Kinder selbst. Das heisst: Die Lösung ist das Problem. Denn jede Veränderung ist Selbstveränderung. Deshalb wird es von jetzt an höchst unbequem. In jeder Beziehung. Dem Leben der Kinder Beine zu machen – und das in einer saturierten, trägheitsaffinen Gesellschaft –, das ist nicht einfach. Da nimmt man doch lieber ein paar Folgeschäden in Kauf. Und die werden dann mit kurzfristig bequemen Massnahmen so weit wie möglich abgedämpft. Besonderer Beliebtheit erfreuen sich dabei natürlich die chemischen Keulen. Die lösen zwar meist nicht das Problem, zum Beispiel jenes der fehlenden Bewegung, aber halten zumindest den Deckel drüber. Es ist so, wie wenn man mit einem neuen Kleinkredit den fälligen ablöst. Es ist eine Lösung auf Pump.

Höhenflug des Ritalins

Die an Schweizer Ärzte und Apotheker gelieferte Menge Methylphenidat ist von 2000 bis 2014 um 810 Prozent gestiegen.

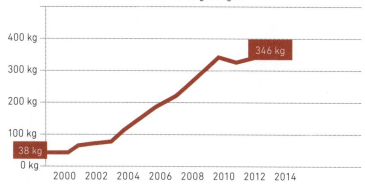

Die 2014 gelieferte Menge entspricht der täglichen
Ration von rund **100 000 Ritalin-Tabletten** à 10 mg
Methylphenidat.

Ein Beispiel: die extreme Zunahme der Aufmerksamkeitsde-
fizit-Hyperaktivitätsstörung, kurz ADHS. So schnell kann eine
Gesellschaft eigentlich gar nicht erkranken. Die Zunahme liegt
sicher auch darin begründet, dass man diese und ähnliche
Diagnosen schnell zur Hand hat. Denn alle Beteiligten sind irgendwie dankbar dafür. Die Diagnose entbindet auf komfortable
Weise von der Verantwortung. Kinder und Eltern sind entlastet,
Erstere müssen sich weiterhin nicht bewegen, Letztere müssen
sich nicht mit Ersteren darüber streiten. Da nimmt man in Kauf,
dass die Kinder schon Medikamenten-Dispenser brauchen, wie
sie sonst im Spital oder im Altersheim gebräuchlich sind. Eindrücklich zeigt sich dieser gesellschaftliche Wandel weg von der
Bewegung hin zu den Medikamenten im Höhenflug des Ritalins,
einer Pille, mit der die Kinder vorübergehend ruhiggestellt werden. Besonders wirksam sind solche Medikamente in Kombination mit digitalen Medien und Computerspielen. So kann man die
Kinder der Bewegung komplett entziehen.

Eine Folge davon zeigt sich zum Beispiel ein paar Jahre später
bei der Rekrutierung für die Schweizer Armee. Diese jährlich
durchgeführte «Aushebung», wie sie früher genannt wurde,
liefert, da sie fast alle (männlichen) jungen Erwachsenen betrifft,
ein einigermassen aussagekräftiges Bild über den Zustand der
heranrückenden Generation.

Und es zeigt sich: Der gesellschaftliche Wandel ist der jugendlichen Fitness alles andere als zuträglich. Sport findet heute am
Bildschirm statt und nicht mehr draussen. Als Folge davon werden die Sportresultate bei den Rekrutierungen immer lausiger.
Bestimmte körperliche Tests wie zum Beispiel das Stangenklet-
tern mussten sogar abgeschafft werden. 1982 waren 16 Prozent
der Stellungspflichtigen untauglich. Zehn Jahre später waren
es bereits 22 Prozent. Und seit der Jahrtausendwende müssen
konstant zwischen 35 und 39 Prozent aus physischen oder psychischen Gründen vom Militärdienst dispensiert werden. Ist die

**Übergewicht und Adipositas
bei 19-jährigen Stellungspflichtigen 2004 bis 2014**

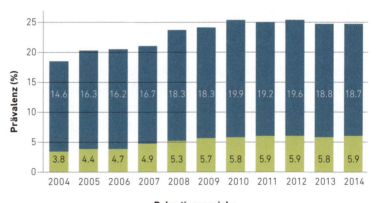

Datenquelle: Staub und Rüthli 2014, N=173859.

Schweiz zu einem Land der psychisch Kranken und körperlich
Gebrechlichen mutiert? Oder simulieren sie einfach gekonnt, um
sich vor dem Militärdienst zu drücken? Es ist anzunehmen, dass
die Drückebergerei heute weiter verbreitet ist als vor ein oder
zwei Jahrzehnten. Aber unabhängig
davon: Die Jugendlichen legten in den
letzten zehn Jahren an Körpergewicht
deutlich zu – sie machen also sport-
lich keine sonderlich gute Figur. Bei der
Zahl der Arztbesuche sind die 15- bis
24-Jährigen überdurchschnittlich gut
vertreten. Und der Umstand, dass sich

NATÜRLICH KÖNNEN WIR HIER NICHT ALLE DAS GLEICHE LUSTIG FINDEN. WIR NEHMEN JA NICHT ALLE DIE GLEICHEN MEDIKAMENTE.

in den letzten zehn Jahren die Abgabe von Neuroleptika[2] an
Jugendliche vervierfacht hat, vermag mit Blick auf den Umgang
mit (körperlichen) Herausforderungen nicht gerade sehr zu-
versichtlich zu stimmen. Pillen statt Willen heisst die moderne
Lebensphilosophie.
Der Bewegungsmangel mit seinen – auch psychischen – Folgen
hat sich gleichsam zu einer zivilisatorischen Gesellschafts-
seuche entwickelt. Kinder sind davon besonders betroffen. Sie
müssen schliesslich noch viel Zeit in ihrem ungesunden Körper
verbringen. Und der ist eben nicht nur da, um den Kopf durch die
Gegend zu tragen. Körper und Psyche stehen in einer Wechsel-
wirkung. Psychische Zustände drücken sich im Körper aus (quasi nonverbal als Gestik, Mimik, Körperhaltung), und gleichzeitig
zeigen sich auch Wirkungen in umgekehrter Richtung: Körperzu-
stände beeinflussen psychische Zustände. Beispielsweise haben
Körperhaltungen, die aus irgendeinem Grund eingenommen
werden, Auswirkungen auf Kognition (z. B. Urteile, Einstellungen
und Emotionalität). Der Begriff dafür: Embodiment. Der mensch-

---

2   Neuroleptika sind starke Medikamente, die für die Behandlung von schweren

    psychischen Leiden wie Schizophrenie, manisch-depressiver Erkrankung

    (bipolare Störung) oder Wahnvorstellungen entwickelt wurden.

liche Körper dient gleichsam als eine Art Interface zur Welt. Wer also sich und der Welt einigermassen klug und aufgeweckt begegnen will, braucht mehr als die Fähigkeit, Würfel im Raum drehen und Muster vervollständigen zu können. Eine vernünftige Beziehung zu sich – und damit zur Lebenswelt – steht immer auch in einer gewissen Abhängigkeit zur körperlichen Befindlichkeit.

Es geht also überhaupt nicht um die Frage, ob die Kinder eine Turnstunde mehr oder weniger zu besuchen haben. Es geht auch nicht darum, dass die Eltern ihren Nachwuchs einmal die Woche zur Ballett- oder zur Tennisstunde bringen. Es geht um den Alltag. Um das Bewegungsverhalten im Alltag. Darum, dass Kinder rausgehen und sich bewegen. Tag für Tag. Und zwar richtig raus. Und richtig bewegen. Bei jedem Wetter.

Ich spiele lieber drin bei den Steckdosen

Und das würden Kinder eigentlich auch gerne machen. Befragungen fördern immer (noch) dasselbe zutage: «Mit Freunden draussen etwas unternehmen» steht zuoberst auf der Wunschliste. Und «An versteckten Orten sein, wo wir machen können, was wir wollen». Aber das ist pure idealisierte Theorie. Die Realität sieht anders aus: «Ich spiele lieber drin bei den Steckdosen.» «Rausgehen», das klingt für heutige Ohren wie «Straflager» – und erst noch zu den anderen Kindern, dabei sind die doch gar nicht lieb.

Woher kommt diese Diskrepanz zwischen Wunsch und Wirklichkeit? Einer der Gründe heisst: Angst. Zwei Drittel aller Eltern haben Angst, wenn ihr Kind draussen spielt. Diese Angst kommt nicht von ungefähr. «Sie wird bewirtschaftet – von Präventions- und anderen Fachstellen, von Versicherungen und nicht zuletzt

von Medien.»[3] Gerade sie, die Massenmedien, schaffen mit ihrer
Daueralarmierung ein Klima der Verunsicherung. Sie kultivieren
das Bild einer bösen, gefährlichen Welt. Obwohl
Kinder noch nie so sicher aufwachsen konnten
wie heute, glauben 78 Prozent der Mütter und
66 Prozent der Väter, der Alltag ihrer Kinder
sei heute gefährlicher als früher.
Das zieht einen Rattenschwanz von fürsorglichen Belagerungsmassnahmen nach sich. Kinder
dürfen auf keinen Baum klettern, nehmen zum Kinderge-
burtstag die Zahnbürste mit, weil im Kuchen so viel gefährlicher
Zucker ist, müssen sich im Schatten aufhalten (oder noch besser im Haus) wegen der krebsverursachenden Sonnenstrahlen,
dürfen nirgendwo einen Nagel einschlagen, weil der aus Stahl
ist und ganz spitzig. Und hinter jedem Haus liegt ein Kinder-
schänder auf der Lauer. Eine britische Studie hat hochgerechnet,
wie lange ein Kind an einer Ecke stehen müsste, bis ein Verbre-
cher es zu entführen versuchte: 600 000 Jahre. «Die Angst bringt
Geld», so der Beobachter. Und «Prävention lebt immer auch
davon, den Teufel an die Wand zu malen». So werden Kinder
bis ins Jugendalter hinein wie unter einer Käseglocke gehalten.
Und wenn sie einmal abseits der Steckdosen spielen dürfen, ist
immer jemand dabei, der zum Rechten schaut – ein Sozialpäda-
goge, ein Pfadileiter, ein Mitglied der elterlichen Selbsthilfegrup-
pe. Das beruhigt ungemein. Aber es heisst auch: Kinder lernen
nicht mehr, allein mit anderen klarzukommen, Konflikte selber
zu regeln, zu streiten und sich zu versöhnen. Rangeleien werden
flugs als Gewaltanwendung taxiert und therapeutisch aufge-
arbeitet. Mädchen, die ihre beste Freundin wechseln, machen
sich des Mobbings schuldig und müssen beim Schulsozialarbei-
ter antraben. Den Kindern und Jugendlichen wird der eigen-

KINDER-MIKADO:
WER SICH BEWEGT,
HAT VERLOREN.

---

3   Benz, Daniel/Polli, Tanja/Homann, Birthe: Helikopter-Eltern. Kinder unter der
     Käseglocke. Beobachter online. 29.10.13.

ständige Zugang zu wichtigen Entwicklungsfeldern verwehrt: Kritik aushalten und nach einer Pleite wieder aufstehen. Vom Klettergerüst fallen und es nach dem Abklingen der Schmerzen erneut versuchen. Sich beim Schneiden einer Haselrute für einen Pfeilbogen mit dem Messer am Finger verletzen und mit dem Taschentuch die Wunde notdürftig verbinden. Sie hätten die Chance, physische und psychische Belastbarkeit aufzubauen und Verhaltensmuster zu entwickeln für all jene Situationen, in denen es nicht so läuft, wie man es bequemerweise gerne hätte. Resilienz nennt man das. Und Helikopter-Eltern nennt man jene, die genau das verhindern oder zumindest untergraben.

Helikopter-Eltern

Eigentlich meinen die meisten Eltern es ja gut mit ihren Kindern. Das ist jedenfalls anzunehmen. Sie wollen, dass der Nachwuchs einigermassen sorgenfrei durchs Leben kommt. Dagegen ist nichts einzuwenden. Im Gegenteil. Nur: «Gut gemeint» ist nicht selten das Gegenteil von «gut». Die Zahl der Kinder ist geschrumpft. Die Aufmerksamkeit muss nicht mehr auf mehrere verteilt werden. Das schafft Zeit und Raum, sich mit Akribie um den kleinen Prinzen oder die kleine Prinzessin zu kümmern. Eben: Es soll ihnen ja gut gehen.
Menschen, die sich vornehmen, «heute lassen wir es uns gut gehen», die essen und trinken meist zu viel und bewegen sich zu wenig. Das heisst: Eigentlich tun sie sich keinen Gefallen. «Gut» ist also immer auch gekoppelt an die Frage: jetzt oder später? Und so ähnlich verhält es sich auch in der Erziehung. Wer will, dass es seinen Kindern gut geht, sorgt sich um sie. Das ist richtig und wichtig. Die Frage ist nur: Was heisst «gut»? Ist damit gemeint, Nachsicht zu üben, hier eine Ausnahme zu machen und da eine andere? Geht es darum, den Kindern möglichst alle Steine aus dem Weg zu räumen? Oder geht es noch weiter, geht

es darum, das Leben des Kindes zum eigenen zu machen? Die Grenze zwischen elterlicher Fürsorge und entwicklungshemmender Verwöhnung ist fliessend. Und ein Übermass an Verwöhnung kommt einer subtilen Form von Kindesmisshandlung gleich. Subtil deshalb, weil sich die möglichen Folgen erst später einstellen – wie bei denen, die es sich zu oft «gut gehen lassen». Der dänische Familientherapeut Jesper Juul hält die Schäden durch Überbehütung sogar für schlimmer als die Folgen von Verwahrlosung, Ignoranz und Desinteresse der Eltern. Der Hintergrund von Überbehütung sei ein Narzissmus der Eltern: Sie wollten glückliche und erfolgreiche Kinder haben, um sich selbst als kompetent erleben zu können.

Das ist an sich nicht neu. Die Helikopter-Metapher wurde bereits 1969 vom israelischen Psychologen Haim G. Ginott in seinem Werk «Between Parent and Teenager» verwendet. Er zitiert einen Heranwachsenden mit den Worten: «Mother hovers over me like a helicopter.»

Mit dem Ende der Sechzigerjahre hat der radikale gesellschaftliche Wandel eine zusätzliche Dynamik erfahren. Der zunehmende Wohlstand hat die Lebensgewohnheiten verändert und zu einer Verlagerung der Interessen geführt. Breiten Bevölkerungsschichten haben sich neue materielle Möglichkeiten eröffnet. Familienstrukturen und ebenso Erziehungsvorstellungen sind in fundamentaler Weise zur Disposition gestellt worden.

Das zeigt sich auch darin, dass, was vor knapp vier Jahrzehnten als Begriff entstanden ist, sich zu einem flächendeckenden Phänomen entwickelt hat. Eben: Helikopter-Eltern.

In Wikipedia werden sie so charakterisiert: «Unter Helikopter-Eltern, auch Hubschrauber-Eltern oder als Fremdwort Helicopter Parents (engl. helicopter parents oder paranoid parents), versteht man populärsprachlich überfürsorgliche Eltern, die sich

(wie ein Beobachtungs-Hubschrauber) ständig in der Nähe ihrer
Kinder aufhalten, um diese zu überwachen und zu behüten.
Ihr Erziehungsstil ist geprägt von (zum Teil zwanghafter oder
paranoider) Überbehütung und exzessiver Einmischung in die
Angelegenheiten des Kindes oder des Heranwachsenden.
Die Begriffe Überbehütung und Überfürsorglichkeit bezeichnen
allgemein Verhaltensweisen von Eltern, bei denen das Be-
dürfnis, ihr Kind zu beschützen und zu versorgen, übermässig
ausgeprägt ist. Der Begriff Helikopter-Eltern ist eine populäre
Bezeichnung für eine moderne Form der Überbehütung, bei der
die ständige Überwachung des Kindes im Vordergrund steht.
Helikopter-Eltern üben ihre Elternrolle in übertriebenem Mass
aus. Das heranwachsende Kind hat dadurch zu wenig äussere
und innere Freiräume. Eine andere Art von Überbehütung ist die
Verwöhnung. Sie äussert sich darin, dem Kind Belastungen und
Anstrengungen zu ersparen und ihm möglichst viele Wünsche
zu erfüllen.»[4]

4   https://de.wikipedia.org/wiki/Helikopter-Eltern. 20.2.2018.

Also im Grunde genommen ein widersprüchlicher, ein irgendwie schizophren anmutender Erziehungsstil. Einerseits ist er
geprägt von der Devise «Fleiss vor Spass». Das führt zu zwang-
haftem Kontrollverhalten – beispielsweise durch Handys, die
permanent den Standort des Kindes angeben. Es führt aber zu
einem für alle Beteiligten höchst ungesunden Förderwahn. Da
werden die Kinder vom Mandarin-Unterricht in die Meditation
für Hochsensible gekarrt, in die Astronomie für angehende
Astronauten, die rhythmische Sportgymnastik, den Förderkurs
für technisch Hochbegabte und was es noch alles gibt. Helikopter-Eltern widmen sich mit verbissener Konzentration der
optimalen Brutpflege.
Andrerseits werden die Kinder emporgehätschelt, wird ihnen
jeder materielle Wunsch erfüllt und jede mögliche Unbill erspart. Hat der Kleine sein Buch vergessen, reicht eine knappe
Whatsapp-Nachricht und schon ist die Mutter unterwegs, um
ihm möglichen Ärger zu ersparen. Die Eltern dienen sich an als
Hinterhertragservice, als Bespassungsdienst, als Wunscher-
füllungsagentur. Das nehmen die Sprösslinge natürlich gerne in
Anspruch. Logisch. Ihre Aufgabe ist es ja nicht, die längerfristigen Wirkungen zu bedenken.
Noch nie haben sich Eltern so sehr um die Zukunft ihres Nachwuchses gesorgt, und noch nie waren die Praxen der Therapeu-
ten so voll mit verhaltensauffälligen Kindern.

Schulweg als Hochrisikozone

Es ist noch nicht allzu lange her, da gingen Kinder einfach zur
Schule. Unterwegs trafen sie andere. Hatten sie genug Zeit,
stromerten sie noch ein bisschen herum. Sie schrieben sich die
Aufgaben ab, tauschten Sportresultate oder Geheimnisse aus,
fanden ein tote Maus oder eine Münze und überlegten, wem
sie gehören und was man damit machen könnte (also mit der

Münze natürlich, nicht mit Maus), passten aufeinander auf – die Älteren auf die Jüngeren – oder unterstützten den Freund, der noch eine Rechnung offen hatte mit einem von der anderen Schule. Man traf sich hinter der Schule auf oder bei der Kletterstange (die mittlerweile aus Sicherheitsgründen überall demontiert wurde) oder rannte auf dem Pausenplatz irgendeinem Ball nach. Der Rückweg verlief ähnlich, das Abschreiben der Aufgaben fiel weg, dafür war mehr Zeit, diesen oder jenen Umweg zu machen, um irgendetwas anzuschauen, was irgendjemand gesehen hatte. Und mit zunehmendem Alter führte der Weg dann «zufälligerweise» immer auch wieder am Haus des Schulschwarms vorbei. Man konnte sich dann auch ein bisschen nützlich machen – die Tasche tragen oder bei schlechtem Wetter

Kinderfalle Elterntaxi

Anteil verunglückter Kinder ...

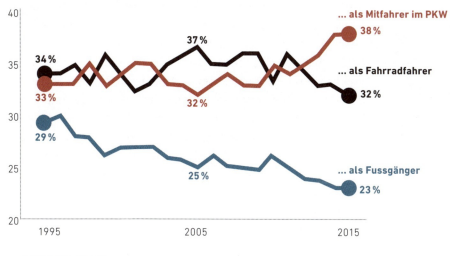

... als Mitfahrer im PKW — 38%

... als Fahrradfahrer — 32%

... als Fussgänger — 23%

34% 37% 33% 32% 29% 25%

1995 2005 2015

Quelle: Auto Club Europa

den Schirm halten. Apropos schlechtes Wetter: Das hatte nur insofern Einfluss auf den Schulweg, als man sich einfach anders anzog und sich ein bisschen mehr beeilte. Eltern waren weit und breit keine zu erkennen. Man war unter sich, nutzte und genoss den Autonomiespielraum.

Tempi passati. Heute gelten Kinder als dauergefährdet. Deshalb lauert hinter jedem Busch die Pädagogik und der Schulweg wurde zur Hochrisikozone deklariert.

Wer als Kind noch zu Fuss zur Schule geht, wird in geschlossener Marschkolonne von leuchtbewesteten Elternsoldaten über den Fussgängerstreifen gelotst und entlang gesicherten Routen mit allen Mitteln der Technik überwacht.

Aber die Zahl der Kinder, die den Schulweg per pedes zurücklegt, wird ohnehin immer kleiner. Auch das Fahrrad ist für diesen Zweck aus der Mode gekommen, da man während dieser

Zeit das Handy nicht nutzen kann. Das ist statistisch interessant: Die Zahl der Stürze und Blessuren ist gesunken. Sie waren zwar schon vorher nicht allzu zahlreich. Aber immerhin: ein kleiner Schritt für die Menschheit, aber ein Riesenschritt für die Verkehrssicherheit auf dem Schulweg. Aber dabei wollte man es natürlich nicht bewenden lassen. Deshalb werden heutzutage immer mehr Kinder und Jugendliche auf vier Rädern zur Schule gekarrt. Entweder nehmen sie den Schulbus oder das Elterntaxi. Das ist natürlich wesentlich bequemer – wobei das Elterntaxi im Rennen um den Komfortpreis deutlich vorne liegt. Das macht es für Kinder so beliebt. Und den Eltern vermittelt es im Hamsterrad der ewigen Sorge über das mögliche Kataströphchen das Gefühl, wichtig und wertvoll zu sein.

Das Problem ist: Es wird zum Problem. Einerseits kommen die Schulen mit diesem Pendlerverkehr nicht mehr klar. Schulen haben ihren Standort normalerweise nicht an den verkehrsgünstigsten Punkten. Deshalb kämpfen dann unmittelbar vor Unterrichtsbeginn die Eltern um die beste Anhaltemöglichkeit möglichst direkt unter dem Vordach des Eingangs. Und wenn die Eingänge etwas breiter gebaut wären, würde man die Sprösslinge direkt vor das Klassenzimmer karren. Der Schulweg ist zum Objekt elterlicher Unentbehrlichkeit deklariert worden. Da werden Mütter zu Hyänen. Wenn es nicht zum Weinen wäre, wäre es zum Lachen.

Freundliche Briefe der Schulbehörden an die Eltern, sie möchten doch diese zum Teil gesetzeswidrige Unsitte sein lassen, gehen denen am Allerwertesten vorbei. Vielleicht fühlen sie sich durch das Quängeln und Drängeln ihrer Sprösslinge («Alle anderen müssen auch nicht zu Fuss gehen …») unter Druck gesetzt. Wie auch immer: Wer einen Ort sehen will, an dem der gesunde Menschenverstand vollständig ausser Kraft gesetzt worden ist, der stelle sich morgens vor eine Schule und schaue dem irren Treiben zu. Da die Appelle an die Eltern wirkungslos verpuffen, fühlten sich mancherorts die Gegner des Elterntaxiunwesens bemüssigt,

Drive Through Parenting

Kampfmassnahmen zu ergreifen. Sie errichteten Sperrkordons, verteilten Warnungen oder denunzierten die aus ihrer Sicht fehlbaren Eltern mit Fotos bei der Polizei. Und wohlverstanden: Es geht eigentlich nur um den Schulweg der Kinder. Den haben sich die Eltern – und in deren Gefolge die Behörden – zur Beute gemacht.

Ein Ziel der Erziehung bestünde ja eigentlich darin, Kinder von der Abhängigkeit in die Unabhängigkeit zu führen. Das bezieht sich logischerweise nicht nur auf den Schulweg. Aber er ist zu einem anschaulichen Beispiel für das genaue Gegenteil geworden. Und zu einem Beispiel, wie die Welt und ihre Realitäten den Kindern vorenthalten werden. Zur Illustration: In einem Interview wird eine Mutter gefragt, weshalb sie denn ihren (halbwüchsigen) Sohn mit dem Auto zu Schule bringe. Ihre Antwort: «Aber es regnet doch!» Nein so was, es regnet. JA UND!?

Da werden also Kinder unter Missachtung von Vorschriften und unter Ausschaltung von Vernunft und Verantwortung aus der heimischen Garage direkt zum Schuleingang gefahren. Dort hüpfen sie nach noch zwei, drei Schritten ins Gebäude hinein.

Die wissen nicht einmal, wie das Wetter ist. Und: Die Notwendigkeit, sich zu bewegen, beschränkt sich auf das Ein- und Aussteigen. Aber da wird es für die weichgespülte Jugend sicher
bald technische Hilfen geben, damit auch das nicht mehr so
verdammt anstrengend ist. Die Drive-through-Schule vielleicht,
man kann ja schliesslich auch sein Auto waschen, Fastfood
holen oder heiraten, ohne aus dem Auto aussteigen zu müssen.
Wie heisst es doch so schön: Rausgehen ist wie Fenster aufma-
chen, nur krasser.

Immerhin: Die Pupillen bewegen sich

Zu keiner Zeit haben so viele Menschen so viel Zeit vor Bildschir-
men verbracht. Wäre auch nicht so einfach möglich, denn das
Phänomen ist relativ neu. Handys kennen wir in der heutigen
Verbreitung erst seit einem Jahrzehnt. Innerhalb dieser kurzen

Zeitspanne hat die Digitalisierung das Leben von vielen Menschen kolossal umgekrempelt. Und wie bei so vielem gilt: Die Dosis macht das Gift.

Siebeneinhalb Stunden verbringt ein Jugendlicher täglich vor dem Bildschirm.[5] Siebeneinhalb Stunden! Pro Tag! Das heisst: Das Einzige, was sich während dieser Zeit bewegt, sind die Pupillen und der Klickfinger.

Innerhalb von nicht einmal einer Generation hat sich der Tagesrhythmus der (jungen) Menschen in radikaler Weise verändert. Denn der Tag hat ja nach wie vor nur vierundzwanzig Stunden. Die Zeit, die vor dem Bildschirm verbracht wird, kommt also nicht dazu – sie geht von etwas anderem weg. Und von was geht sie weg? Meist vom Schlaf. Und von der Bewegung. Das heisst: Bildschirme sind absolute Bewegungskiller. Sie verändern die Menschen psychisch und physisch. Und der Bezug zur realen Welt geht erst recht verloren. Denn der Mensch ist ein «Bewegungstier». Sein Körper ist konstruiert, um sich auf zwei Beinen zu bewegen. Aufrecht. Dem steht die Bildschirmnutzung aber im Wege. Oder vielleicht besser: Sie liegt. Oder noch besser: Sie lümmelt. Das ist nämlich die bevorzugte Position bei längerem Mediengebrauch: eine sonderbare Mischung aus Liegen und Sitzen, in Kombination mit einer ebenso sonderbaren Mischung aus Angespanntheit und Dösen. Es hat so etwas in sich Zusammengefallenes. Und das über Stunden. Mit einem Körper, der eigentlich für etwas komplett Anderes gebaut ist. Kein Wunder, verkümmern die motorischen Fähigkeiten beim Surfen und Chatten zusehends. Da nützt es auch nichts, vor dem Bildschirm die Sportschuhe anzuziehen oder ein Shirt von Manchester United überzustreifen.

5   Rehbein, Florian/Kleimann, Matthias/Mössle, Thomas: Computerspielabhängigkeit im Kindes- und Jugendalter. Empirische Befunde zu Ursachen, Diagnostik und Komorbiditäten unter besonderer Berücksichtigung spielimmanenter Abhängigkeitsmerkmale. KFN-Forschungsbericht Nr. 108/2009.

Die ungesunde Ablagerung des Körpers vor dem Bildschirm wird noch zusätzlich belastet durch die ebenso ungesunde, aber dafür bildschirmkompatible Ernährung. Folge: epidemische Adipositas. Das heisst: Kinder werden immer dicker. Es ist eine gesellschaftliche Entwicklung, die buchstäblich in die Breite geht. Aber die querschlanken Jugendlichen dominieren nicht nur das Strassenbild, sie bevölkern auch die Arztpraxen. Mit einer Krankheit, von der bis vor einigen Jahren vornehmlich ältere Menschen betroffen waren: Diabetes. Die «Zuckerkrankheit», wie sie auch genannt wird, ist mittlerweile die häufigste Stoffwechselerkrankung bei Kindern. Rund 30 000 Heranwachsende leiden in Deutschland darunter. Die Neuerkrankungen steigen jährlich je nach Quelle um zwei bis vier Prozent. Will heissen: Das dicke Ende kommt also noch. Den Körper hat der Bildschirm also bereits gebodigt. Aber er setzt auch zunehmend den Geist matt.

Das Suchtpotenzial ist nämlich enorm hoch. Vor gut sieben Jahren präsentierte der mittlerweile verstorbene Apple-Gründer Steve Jobs der Welt das iPad. Es sei die faszinierendste Möglichkeit, Fotos und Filme anzuschauen, Musik zu hören, auf Facebook zu surfen und Spiele zu spielen, pries er seine neue Erfindung. Jeder Mensch, so Jobs, sollte ein solches Gerät besitzen. Seine eigenen Kinder allerdings mussten darauf verzichten. Und er war nicht der einzige Medienmogul, der seine eigene Familie weitgehend von der berauschenden Welt der neuen Devices abschirmte. Warum? Der amerikanische Psychologieprofessor Adam Alter[6] hat sich mit solchen und ähnlichen Fragen rund um den Medienkonsum auseinandergesetzt und einen Bestseller lanciert. Die Gründer, Designer und Entwickler gehen kritisch mit dem um, womit sie ihr vieles Geld verdienen. Als Produzenten neuer Technologien orientierten sie sich an der alten Drogendealerregel «never get high on your own supply» – also berausche dich niemals an deiner eigenen Ware. Das müssen sie auch nicht, es gibt zwischenzeitlich genug andere Abhängige. Adam Alter spricht von einer Verhaltenssucht (behavioral addiction), die sich nicht mehr mit den klassischen stoffgebundenen Abhängigkeiten vergleichen lasse. Der enorme Zeitanteil, den die Menschen in virtuellen Welten verbringen, entfernt sie unweigerlich von dem, worauf es eigentlich ankäme: Wie entsteht Lebenssinn und wie lässt er sich durch Krisen hindurch aufrechterhalten? Wie lernen Kinder, mit beiden Beinen fest im Leben zu stehen? Wie bauen sie Widerstandskräfte auf, Kohärenzgefühl und Resilienz? Kurz: Wie werden sie fit für ihr Leben? Das lernt man ebenso wenig in virtuellen Welten, wie man dort schwimmen lernt.

> ALS WIR KINDER WAREN, HATTEN WIR AUCH EIN SOZIALES NETZWERK. MAN NANNTE ES „DRAUSSEN".

6   Alter, Adam: Irresistible. The Rise of Addictive Technology and the Business of Keeping Us Hooked. Penguin Press. New York. 2017.

Der weitaus grösste Teil dessen, was im Netz ausgetauscht und genutzt wird, ist Schrott. Und die meiste Zeit, die ein Heranwachsender dort verbringt, verbringt er aus einem wenig sinnvollen Grund dort: damit es ihm nicht langweilig ist. Und um ja nichts zu verpassen. FOMO heisst diese relativ neue Form von suchthaftem Verhalten, «fear of missing out», also die permanente

FOMO   **Fear of Missing Out**

More than half of social networkers are expiericing FOMO, or are considering taking a break from social media altogether.

56 % are afraid of missing something such as an event, news, important status update if they don't keep an eye on their social networks.

und beklemmende Angst, etwas zu verpassen. Es ist ein gesellschaftlich relevantes Phänomen, das die zwanghafte Sorge beschreibt, an einer sozialen Interaktion oder einem Hype auf dem Netz nicht teilzuhaben. Diese rasante Zunahme der Angst, nicht dazuzugehören, steht in direktem Zusammenhang mit der Verbreitung der sozialen Netzwerke und wird von diesen verstärkt. Und da es zumeist darum geht, wer sich gerade an welchem tollen Platz aufhält, wer sich gerade was gekauft hat, wer wen doof findet oder wer der oder die Schönste ist, wer welchem Star oder Sternchen ähnlich sieht, werden gerade Kinder und Jugendliche unter einen enormen Druck gesetzt. Ich poste, also bin ich. Sich sozial eingebunden zu fühlen, ist eines der drei psychologischen Grundbedürfnisse. Entsprechend gross ist die Angst, ausgeschlossen zu werden.

Gerade jüngere Menschen sind davon in besonderem Masse betroffen. Wenn sie ihren sozialen Status an der Anzahl der Likes ablesen und ihre realen Unzulänglichkeiten unentwegt an den getunten Onlineprofilen ihrer fünfhundert Facebook-Freunde messen, geraten sie fast zwangsläufig in eine verhängnisvolle Konkurrenzspirale. Und die Angst vor dem Verlust von Prestige führt nicht selten zu einer unheilvollen Zurschaustellung auf einem immer bedenklicheren Niveau. Mit verheerenden Folgen. Nicht zuletzt aufgrund der Versagens- und Verlustängste durch den emotionalen Druck in den sozialen Netzwerken nehmen Depressionen bei Jugendlichen in alarmierendem Masse zu. Jeder siebte Heranwachsende ist mittlerweile davon betroffen. «Zahl depressiver Kinder nimmt dramatisch zu», titelte die «Welt».[7] «Vor 150 Jahren sahen und beurteilten Menschen fast nur andere lebende Menschen oder handwerklich hergestellte Bilder – von Heiligen an der Kirchenwand, von achtbaren Ahnen, in Öl gemalt, in illustrierten Bildern in Kupfer gestochen. Schrittweise vermehrten sich die Bilder, wurden genauer, wurden zahlreicher, verdoppelten die Wirklichkeit, übertrafen die Wirklichkeit, schönten, logen, rivalisierten.

Vor 50 Jahren waren in einer Gymnasialklasse vielleicht zehn Prozent der Schülerinnen und Schüler mit ihrem Aussehen unzufrieden. Gegenwärtig ist es mindestens jede oder jeder Zweite.»[8] Noch einmal: Mehr als die Hälfte der Jugendlichen ist unzufrieden mit dem eigenen Körper. Und was besonders alar-

> Da ich kein Facebook habe, versuche ich mir Freunde zu suchen, und zwar ausserhalb von der Facebook-Plattform, aber mit den gleichen Prinzipien …
> Also gehe ich jeden Tag auf die Strasse und erkläre den Passanten, was ich gegessen habe, wie ich mich fühle, was ich am gestrigen Abend gemacht habe, was ich heute und zurzeit mache, was ich morgen mache, gebe ihnen ein Foto von mir, von meinem Kater, wie ich mein Auto wasche, wie mein Schatz kocht und näht, tue so, als hörte ich den Gesprächen anderer zu, und sage: «Es gefällt mir!»
> Und siehe da, es funktioniert!
> Zurzeit habe ich fünf Personen, die mir folgen:
> 2 Polizisten, 1 Psychiater, 1 Psychologe und ein Pfleger.
> Quelle: Unbekannt (kursierte in Whatsapp).

---

7   Dobel, Sabine: Zahl depressiver Kinder nimmt dramatisch zu. Welt. 02.03.15.

8   Schmidbauer, Wolfgang: Helikoptermoral. Empörung, Entrüstung und Zorn im öffentlichen Raum. kursbuch.edition. Hamburg. 2017.

mierend ist: Bereits Kinder im Grundschul-
alter fühlen sich durch die sozialen und
kulturellen Erwartungen in den Selbstver-
marktungsforen unter Druck gesetzt. Und
überfordert vom allgegenwärtigen Zwang
zur perfekten Selbstinszenierung.

Soziale Medien sind ein Tummelfeld für
Selbstdarsteller. Die Überbietungsszenarien
gaukeln eine Welt vor, in der die Ausnahme
der Normalzustand zu sein scheint. Und alle
tun so, als würden sie es glauben. Oder sie
glauben es wirklich. Das ist noch schlimmer.
Längst sind Mediennutzer nicht mehr die
Kunden, sondern die Produkte. Sean Parker, der ehemalige Präsident von Facebook, lässt daran keinen Zweifel. Ausgerechnet
er! Und er weiss, weshalb er mittlerweile zu einer Art Dienst-
verweigerer geworden ist: Nicht die Menschen beherrschen die
sozialen Netzwerke, die sozialen Netzwerke beherrschen sie.
Die Gründer von Facebook hätten sich seinerzeit sehr intensiv
Gedanken darüber gemacht, wie man die Menschen möglichst
oft und möglichst häufig dazu bringen könne, die Dienste zu
nutzen. Das Rezept heisst Dopamin. Dopamin ist ein Nervenbo-
tenstoff, der auch als Glückshormon bezeichnet wird. Facebook
und andere Netzwerke nutzen äusserst clever die Wirkung von
Dopamin. Wer etwas postet, hofft auf Reaktionen. Und jede Reaktion ist ein kleiner Dopaminschuss. Je mehr Likes also, desto
besser – und desto grösser wiederum das Verlangen nach noch
mehr Reaktionen. Diese «Rückkoppelungsschleife der sozialen
Anerkennung» macht abhängig. Immer und immer wieder –
wie Junkies eben – der Blick aufs Handy. Es könnte ja jemand
reagiert haben.

Nicht medienkompetent, sondern medienmündig

Digitale Medien werden von Kindern und Jugendlichen nicht fürs Arbeiten benützt – allen gegenteiligen Beteuerungen und elterlichen Hoffnungen zum Trotz. Sie sind der grösste virtuelle Sandkasten, in dem die Plastikförmchen als Joystick ihre Wiederkehr erleben. Anders gesagt: Digitale Medien dienen vornehmlich dem Zeitvertreib, dem passiven Kampf gegen die Langeweile. Unterhalten werden per Klick oder Tastendruck, überall und immer, das hat natürlich eine hohe Attraktivität. Und es ist auch nicht einfach nur schlimm und schlecht. Die Auswirkungen hängen unter anderem ab von Häufigkeit und Zeitdauer. Klar, wer immer das Gleiche tut, läuft schnell einmal Gefahr, immer das Gleiche zu tun. Es wird zur Gewohnheit. Und Gewohnheiten zu ändern – mediale zumal –, das ist hartes Brot. Bildschirme sind optimal auf schnelle Scheinbefriedigung von Bedürfnissen ausgelegt. Bunte, schnelle Bilder halten das Auge auf Trab, die nächste Belohnung wartet immer schon um die virtuelle Ecke.

Vom Dauerverhalten zum Suchtverhalten – von der Gewohnheit zur Sucht – ist es deshalb ein kleiner Schritt. Verhaltenssucht kommt auf leisen Sohlen. Und sie fällt häufig erst auf, wenn das Kind auffällt. Symptome von Abhängigkeiten bei

IMMER WENN EIN KIND VOR EINEM SMARTPHONE SITZT, STIRBT AUF EINEM BAUM EIN ABENTEUER.

Kindern sollten folglich bei den verantwortlichen Erwachsenen alle Alarmglocken schrillen lassen. Denn ein wichtiges Ziel von Erziehung ist genau das Gegenteil von Abhängigkeit: Mündigkeit nämlich.

Wer Medien nur aus der Perspektive der technischen Möglichkeiten betrachtet, landet rasch einmal bei der weit verbreiteten Forderung nach mehr «Medienkompetenz» für die Sprösslinge. Damit kann man immer punkten, denn das klingt nach Innovation und Modernität. Es ist auch nicht erforderlich zu definieren, was man darunter versteht. Die Worthülse reicht. Vielleicht wird sie deshalb so gerne und so häufig nachgeplappert.

Doch Medienkompetenz ist heute gar nicht das relevante Thema. Zumindest nicht für den beruflichen und privaten Alltagsgebrauch – und damit für die allermeisten Menschen. Die sind nämlich allesamt mehr oder weniger kompetent, mit den Geräten bedürfnisgerecht umzugehen, den Fernseher einzuschalten oder sich ins Internet einzuloggen. Das ist nicht das Problem. Das Problem ist vielmehr: den Fernseher wieder auszuschalten und sich aus dem Internet zu verabschieden. Worum es wirklich geht, ist die «Medienmündigkeit».

Das führt zurück zur Aufgabe elterlicher Erziehung. Der Begriff Mündigkeit beschreibt nämlich die Fähigkeit zur Selbstbestimmung und Eigenverantwortung. Mündigkeit ist ein Zustand der Unabhängigkeit – zum Beispiel von Computerspielen oder sozialen Netzwerken. Schon 1784 hat Immanuel Kant zu bedenken gegeben: «Unmündigkeit ist das Unvermögen, sich seines Verstandes ohne Leitung eines anderen zu bedienen. Selbstverschuldet ist diese Unmündigkeit, wenn die Ursache derselben nicht am Mangel des Verstandes, sondern der Entschliessung und des Mutes liegt, sich seiner ohne Leitung eines anderen zu bedienen.» Und er fordert: «Habe den Mut, dich deines Verstandes zu bedienen.» Damit sind nicht nur die Jugendlichen gemeint. Sondern zuerst und vor allem auch die erziehenden Erwachsenen, die ihnen die nötige Hilfe zur Selbsthilfe angedeihen lassen sollen. Weil sie dafür verantwortlich sind.

Mit «Hier stehe ich. Ich kann nicht anders. Amen», hat Luther 1521 auf dem Reichstag zu Worms Position bezogen. Das Amen kann man weglassen. Aber sich vor der Verantwortung drücken, bagatellisieren und beschönigen, das ist im Zusammenhang mit jugendlicher Mediennutzung der falsche Weg. Es macht auch wenig Sinn, mit Kindern einen übermässigen Medienkonsum thematisieren, reflektieren, problematisieren oder ihnen

argumentativ beikommen zu wollen. Es ist ja schön, wenn man
darüber geredet hat. Aber es nützt meist herzlich wenig, verbal
ein bisschen an den Symptomen herumzudoktern. Es gilt, die
Ursachen zu vermeiden. Und was es dazu braucht, sind erstens klare Ansagen – zum Beispiel
mit Ophelia aus Hamlet, 4. Akt, Szene
5, Vers 28: «Nein!» Und die allenfalls
nötige Anschlussfrage hiesse dann:
«Was am Wort ‹Nein!› verstehst du
nicht?» Die Verantwortung lässt sich
letztlich nicht an die Kinder delegieren.
Verantwortung bedeutet: Jemand ist
zuständig und muss darüber Rechen-
schaft ablegen. Verantwortung kann
also gar nicht anders als in Grenzen
erfolgen. Und dafür haben am Ende
der Fahnenstange die Erwachsenen
den Kopf hinzuhalten.

Und was es zweitens braucht, sind attraktive Alternativen in der realen Welt.

Shirt für Eltern

Runter von der Benutzeroberfläche, hinab zu jenen Erlebnissen,
die man auch körperlich spürt. Ja, das braucht Überwindung. Ja,
das ist anstrengender. Ja, man kann sich dabei eine Schürfwunde holen. Ja, man wird vielleicht dreckig und nass und fängt sich
vielleicht eine Erkältung ein. Ja, man wird müde und hat womöglich sogar Muskelkater. Ja, man kann sich nicht einfach ausklin-
ken, sondern muss sich mit anderen verständigen und mit ihnen
Regeln aushandeln. Ja, man hat manchmal Streit und muss sich
nachher wieder vertragen. Ja, manchmal verpasst man etwas.
Ja, manchmal geht es nicht husch, husch. Und ja, manchmal
stinkt es einem. Ja. Genau darum geht es. Es trotzdem zu tun.
Oder besser: deswegen.

3

Der Schulsack.

Oder:

Blamiere dich täglich.

Das Leben besteht aus den Augenblicken, an die man sich erinnert. Die Schulzeit auch. Die Erinnerungen sind gebunden an Erfahrungen mit nachhaltiger Wirkung. Meist handelt es sich im Zusammenhang mit der Schule nicht um fachliche Inhalte. Es ist die emotionale Bedeutung, die dazu führt, dass sich Fragmente der Vergangenheit gedanklich in die Gegenwart retten können.

Die Geschichte mit dem Schulsack gehört in diese Kategorie. Er war neu, roch nach Leder und Fell. Meine Eltern hatten sicher auf dies oder jenes verzichtet, um mir das Prachtstück kaufen zu können. Und der Schulsack war mein ganzer Stolz auf den ersten Wegen in die Schulzeit. Ich hütete ihn.

Eines Tages rückte nun ebendieser Schulsack ins Zentrum des Geschehens. Ein paar Schüler der oberen Klassen wiesen mich sehr handfest auf die geltenden Hierarchien im Schulhaus hin. Zu diesem Behufe nahmen sie mich auf dem Heimweg in die Mangel, gaben mir ein paar aufs Dach. Das ging ja noch. Ich war ja – moderat ausgedrückt – nicht ganz unschuldig. So gesehen wäre die Sache eigentlich geklärt gewesen. Das Problem: Im Verlaufe der Abreibung – wahrscheinlich habe ich die Klappe nicht halten können – haben mich zwei grössere Jungs zu Boden geworfen und sich auf meinen Rücken gekniet. Das heisst: auf meinen Schulsack. Der hat dadurch Schaden genommen. Und mit dem lädierten Schulsack trug ich quasi auch die Auseinandersetzung mit nach Hause und machte meine Eltern zu Beteiligten.

Nun können Eltern in einer solchen Situation auf ganz unterschiedliche Weise das Geschehen beeinflussen. Sie können sich sofort telefonisch bei der Schule melden und sich darüber beschweren, dass die Lehrer nicht besser auf die Schüler aufpassen. Haben sie nicht getan.

Sie können einen Anwalt einschalten, um Macht und Möglichkeiten zu demonstrieren, wenn es um die körperliche und seelische Unversehrtheit des Sprösslings geht. Aber auf diese Idee wäre zu jener Zeit nun wirklich niemand gekommen. Haben sie also nicht getan.

Sie können eine Vereinigung besorgter Eltern gründen, um auf politischem Wege einen sicheren Schulweg zu fordern. Dass es das überhaupt geben könnte, davon hatten sie keine Ahnung. Haben sie demzufolge nicht getan.

Sie können sich bei den Eltern der involvierten Schüler melden und mindestens eine Entschuldigung oder noch besser Schadenersatz verlangen. Haben sie auch nicht getan.

Was sie getan haben: Sie haben meine wortreichen Erklärungen über das Verhalten und die Schuld der anderen zu relativieren gewusst und mich mit den Prinzipien von Ursache und Wirkung konfrontiert. Und ich glaube, damals eine Lektion gelernt zu haben. Wenn du eine grosse Klappe führen willst, musst du entweder stärker sein oder schneller davonrennen können. Oder noch besser: Lass das mit der grossen Klappe und versuche es auf eine andere Weise.

Das Leben innerhalb und ausserhalb der Schule hält ständig irgendwelche Lerngelegenheiten bereit. Und häufig sind es Situationen, die mit Frustration verbunden sind. Beispielsweise wenn ältere Schüler einem zeigen, wo Bartli den Most holt. Oder wenn die Lieblingsmannschaft verliert. Oder wenn die heimlich Angebetete sich einen anderen anlacht. Oder wenn man auf der Ersatzbank Platz nehmen muss. Oder wenn die Nachbarn ein schöneres Auto haben. Oder wenn die Freundin das neuere Handy besitzt. Oder mehr Freunde hat auf Facebook. Oder wenn andere immer die besseren Noten kriegen – ungerechterweise natürlich. Oder. Oder. Oder.

Die Welt ist mir nichts schuldig

Stunde um Stunde, Tag um Tag serviert das reale Leben Ge-
legenheiten, sich frustriert zu fühlen. Eine Frustration (von lat.
frustra = vergeblich bzw. frustratio = Täuschung einer Erwartung) entsteht dann, wenn etwas nicht so läuft, wie ich es gerne
hätte – weil ich nicht kann, weil ich nicht darf. Sie entsteht aus
tatsächlichen oder vermeintlichen Benachteiligungen, ent-
täuschten Erwartungen und (vermeintlich) erlittenen Unge-
rechtigkeiten, die sich in einem Zustand der Enttäuschung oder
auch der Aggression äussern. In der Umgangssprache wird der
Begriff Frust verwendet, um ein Gefühl des Missmuts oder der
Verdrossenheit zu benennen.
Na und?! Das Leben ist ungerecht. Stimmt! Es nimmt keine
Rücksicht darauf, was ich jetzt gerade gerne hätte. Stimmt! Das
ist auch nicht die Aufgabe des Lebens. Das ist meine Aufgabe.
Dabei kann es der Einsicht durchaus auf die Sprünge helfen,
wenn man sich regelmässig die Frage stellt: Ist dir schon mal
aufgefallen, wer immer dabei ist, wenn etwas nicht so läuft, wie
du es gerne hättest? Denn eines ist klar: Die Welt ist mir nichts
schuldig. Sie war vorher da.

Dass also nicht immer alles nach dem eigenen Kopfe
geht, das ist normal. Menschen reagieren allerdings
sehr unterschiedlich auf solche Widerstände. Jene
mit geringer Frustrationstoleranz können besonders
schlecht mit Enttäuschungen und Frustrationen umgehen. Sie reagieren zum Beispiel wütend darauf oder
verzweifelt oder deprimiert. Und: Sie geben vorzeitig
auf.
Menschen mit hoher Frustrationstoleranz sehen
dagegen in Rückschlägen auch eine Chance – we-
nigstens die, aus Fehlern und Misserfolgen zu lernen.
Und: Sie machen trotzdem weiter. Und genau das
ist ein Schlüssel zum Erfolg. Die Forschung liefert in

dieser Beziehung eindeutige Ergebnisse: Kinder und Jugendliche, die über ein angemessenes Mass an Frustrationstoleranz
verfügen, sind erfolgreicher – in der Schule, in ihren sozialen Beziehungen. Sie gestalten ihre Freizeit aktiver und können besser
mit Herausforderungen aller Art umgehen.

Und weil nichts als Erfolg verbucht werden kann, das nicht auch
scheitern kann, sind frustrationstolerante Kinder und Jugendliche eben auch fähig, sich zu blamieren. Das macht sie souverän
und unabhängig vom real oder virtuell gehobenen oder gesenk-
ten Daumen der anderen.

Wer gelernt hat, mit Misserfolgen konstruktiv umzugehen, sucht
den Grund nicht bei der bösen, unfairen Welt oder den bösen,
unfairen anderen. Er nimmt sich Henry Ford zum Vorbild und
überlegt sich, was er in einer nächsten ähnlichen Situation
anders und besser machen könnte. Daran wachsen Persönlichkeiten.

Die Idee, Kinder um jeden Preis vor Frustrationen schützen zu
wollen, ist vor diesem Hintergrund keine sonderlich gute. Moderat ausgedrückt. Und doch, so scheint es, ist der moderne Er-
ziehungsalltag geprägt von der Idee, den Nachwuchs möglichst
unbehelligt an potenziellen Enttäuschungen vorbeizuschleusen.
Und da kennen Eltern manchmal kaum Grenzen. Und die Behörden ebenso wenig.

Als «Hexenjagd im Emmental» deutete die «SonntagsZeitung»
(9.7.2017) den Vorfall. Er führte dazu, dass sechs Knaben im
Alter von dreizehn Jahren verhaftet und verhört wurden. Sieben
Stunden dauerte das Prozedere. Ausgangspunkt war die An-
zeige einer Mutter, deren Sohn von den anderen nicht eben sanft
behandelt worden war. Allerdings: «Was im Lager der reformier-
ten Kirche im April 2016 im Schlafraum der Buben tatsächlich
passiert ist, lässt sich nicht mehr bis ins letzte Detail rekonst-
ruieren. Die Aussagen der Beteiligten sind zu widersprüchlich»,
schreibt die «SonntagsZeitung». Der eine Knabe gab zu Proto-

koll, das Ganze sei aus einer Wette heraus entstanden. Er sei von anderen Schülern aus Jux gefesselt worden. Aber er habe sich befreien können. Dann habe der andere Knabe die Hände hingestreckt und gesagt, sich befreien, das könne er auch. Gemäss dem Strafbefehl der Jugendanwaltschaft einigten sich die Jungs darauf, ihren Kollegen zu fesseln, um zu schauen, ob er sich tatsächlich selbst befreien könne. Dazu nahmen sie ein Seil aus einer Spielkiste, banden ihm die Hände vor dem Bauch zusammen, verknoteten es und wickelten es um die Beine. Zuletzt stülpten sie dem Buben einen Kissenbezug über den Kopf. Er wollte sich befreien, fiel hin und zog sich Prellungen zu. Der Gefesselte weinte, die Buben lachten, zwei schleiften ihn über den Boden.

> WER ZU LANGE EIN AUGE ZUDRÜCKT, WIRD ERSCHRECKEN, WENN IHM PLÖTZLICH BEIDE AUFGEHEN.

Handy on demand

Digitale Medien schaffen für die Nutzer – zumal für jugendliche – einen attraktiven Einstieg. Und erschweren ihnen bewusst den Ausstieg. So entwickelt Facebook jetzt einen Messenger für die unter 13-Jährigen, um ihnen den späteren Übergang zu erleichtern. Kein Wunder, dass der elterliche Kampf gegen die digitalen Windmühlen häufig in Streit, Frust und Resignation endet. Was es braucht, ist eine Art Systemwechsel: Der erwünschte Zustand muss zum Standard werden. Das heisst: Handys und andere digitale Medien stehen Kindern und Jugendlichen nicht mehr so mir nichts, dir nichts frei zur Verfügung. Nein, das Prinzip heisst: Handys on demand. Das bedeutet: Wenn der Nachwuchs sich auf digitale Pfade begeben will, muss er vorher (!) fragen. Und begründen – wofür, wie lange, mit wem? Denn wenn es keinen vernünftigen Grund gibt, sich ins Netz zu begeben, dann ist das einer, es nicht zu tun. Wer sich und seinen Kindern also einen Dienst erweisen will, baut Schranken ein. Allerdings: Die nützen nur im Voraus. Und wie überall gilt: Je früher sich Kinder daran gewöhnen, vor dem Handy das Gehirn einschalten zu müssen, desto besser.

Die Jugendanwältin verurteilte die sechs Knaben wegen Tät-
lichkeit und Freiheitsberaubung. Sie hatten «eine unbedingte
persönliche Leistung von drei Tagen in Form von deliktorientier-
ten Gesprächen» zu erbringen. Hinzu kam ein weiterer Tag als
bedingte Strafe, mit einer Probezeit von einem Jahr. Das Verfah-
ren zog sich über anderthalb Jahre hin und verursachte Kosten
in der Höhe von 150 000 Franken.

Für den von der Zeitung befragten Philipp Ramming, Präsident
der Schweizerischen Vereinigung für Kinder- und Jugendpsy-
chologie, zeigte der Fall «das Versagen der pädagogischen Welt,
indem ein Problem an die staatliche Autorität delegiert wird. (...)
Letztlich bekommt man den Eindruck, dass die Erwachsenen
sich nicht mehr getrauen, hinzustehen und soziale Normen im
persönlichen Kontakt durchzusetzen.»

Die Schilderung des Vorfalls und seiner Folgen verleitet dazu,
Partei zu ergreifen für die eine («Das geschieht den Übeltätern
recht») oder die andere Seite («Ein solches Theater wegen einer
solchen Lappalie»). Irgendwo dazwischen wird wohl die «Wahr-
heit» liegen.

Völlig klar, Gewaltanwendungen – auch unter Kindern und
Jugendlichen – sind strikte abzulehnen. Die Frage stellt sich
allerdings: Ab wann beginnt «Gewalt»? Und für wen? Wie genau
sind die Rollen zwischen «Opfer» und «Täter» verteilt? Und nicht
zuletzt: Wie beeinflussen die Erwachsenen diese Rollenvertei-
lung?

Nicht ganz unerheblich ist dabei der Kontext, in dem diese
Fragen gestellt werden. Und in dieser Beziehung hat sich in den
letzten Jahrzehnten ein fühlbarer Wandel vollzogen. Die Opferrolle hat sich zu einer der Hauptrollen gemausert auf den aktuellen Bühnen des Lebens. Und das Selbstmitleid führt blendend
Regie. Das verschafft kurzfristig Linderung. Denn bedauert und
getröstet zu werden, das kann durchaus wohltuend sein. Auch
für jene, die es tun. Das ist so lange kein Problem, als es nicht
zum Muster wird. Spätestens dann wird es Zeit, sich bewusst

zu machen, dass drei Finger immer auf einen selber gerichtet sind, wenn man mit einem auf andere zeigt. Was vielleicht hart und wenig mitfühlend klingt, ist letztlich wesentlich hilfreicher, als Kinder und Jugendliche ständig die Hauptrolle im Spiel «Die anderen sind schuld» verkörpern zu lassen.

Eltern als schnelle Eingreiftruppe

Menschlichem Verhalten kommt man nur sehr bedingt auf die Spur mit der Frage, aus welchem Grund (Kausalität/causa = Grund, Ursache) jemand etwas getan oder gelassen hat. Denn menschliches Verhalten ist final (Finalität/finis = Ziel, Absicht). Es geht demnach zuerst und vor allem um die Frage: Welchem Zweck dient ein Verhalten? Wer hat – subjektiv gesehen – welchen Nutzen davon? Was haben Eltern also davon, wenn sie Konflikte ihres Kindes zu ihren eigenen machen? Welchen Gefallen tun sie sich selber, wenn sie für ihren Nachwuchs in die Bresche springen? Übrigens: Diese Redewendung hat ihren Ursprung in der Ritterzeit. Wenn man eine Burg erobern wollte, musste ein Loch in die Festungsmauer gebrochen werden. Das ist die Bresche. Da die Angreifer nach der Herstellung einer solchen Bresche in das Innere der Burg vordringen und dort überall Feuer legen konnten, galt es für die Verteidiger der Burg, ein Eindringen der Feinde zu verhindern. Ein Verschliessen der Bresche mit Baumaterial war in der Kürze der Zeit nicht zu bewerkstelligen, weshalb zunächst einer der Ritter in die zu Beginn noch schmale Bresche sprang und diese wie ein Korken verschloss. Also was haben Eltern subjektiv gesehen davon, Schutzwälle um ihre Kinder herumzuziehen und allfällige Breschen zu verschliessen? Sie wollen, davon ist auszugehen, dass es ihrem Kind gut geht – und damit auch ihnen. Und da die Eltern heutzutage ihre Kinder viel weniger alleine lassen, erkennen sie auch augenblicklich, wenn der Sprössling einen seelischen Durch-

WIR KREIEREN ERST UNSERE GEWOHNHEITEN, UND DANN KREIEREN DIE GEWOHNHEITEN UNS.

JOHN DRYDEN

Essensrituale – zum Beispiel frühstücken

Frühstück macht schlau. Das Ritual, sich morgens hinzu-setzen und zusammen mit den anderen Familienmitglie-dern entspannt zu frühstücken, wirkt sich äusserst positiv auf die Schulleistungen aus. Doch: Fast die Hälfte der Kinder geht morgens mit leerem Magen aus dem Haus. Die Folgen für Konzentration und Leistungsfähigkeit sind fatal. Regelmässigen gemeinsamen Essensritualen – und das gilt nicht nur fürs Frühstück – kommt eine wichtige psychohygienische Funktion zu. Sie fördern beispiels-weise das Gefühl sozialer Eingebundenheit – also eines der psychologischen Grundbedürfnisse.

hänger zu haben scheint. Und sollte die elterliche Eingreiftruppe gerade mal ihre Alarmbereitschaft vernachlässigen, hat das Kind ja ein Handy als verlängerte Nabelschnur, mit der es Mutter oder Vater sofort in seine Befindlichkeiten einbeziehen kann. Und natürlich reagieren die besorgten Erwachsenen stante pede. Sie mischen sich ein, beziehen Stellung, trösten oder tun, was immer sie als hilfreich erachten, damit es ihrem Kind eben «gut» geht.

Und die Kinder lernen: ein Beispiel in drei Phasen. Phase 1: Kind läuft, fällt um, erschrickt, weint, Mutter tröstet. Phase 2: Kind läuft, fällt um, schaut, ob Mutter es sieht, weint, Mutter kommt und tröstet. Phase 3: Kind weint, Mutter kommt und tröstet. Verhaltensweisen, wenn sie funktional sind (also dem Ziel dienen), haben die Tendenz, sich vom ursprünglichen Zusammenhang zu entkoppeln. Das Kind hat die Lektion gelernt: Wenn ich Zuwendung will, muss ich einfach weinen. Und die omnipräsenten Eltern sorgen dafür, dass das Verhalten sich als funktional erweist. Gleichzeitig verhindern sie damit, dass ihre Sprösslinge mit den normalen Alltagswehwehchen und Alltagswidrigkeiten zuerst einmal selber zurechtzukommen versuchen. Denn sie kommen gar nicht mehr dazu. Die elterliche Eingreiftruppe ist blitzartig zur Stelle, zuweilen schon bevor die Kinder überhaupt merken, dass es ihnen jetzt eigentlich nicht gut gehen sollte. Sie haben kein Problem, aber sie geniessen die Lösung.

Die Angst vor dem Konflikt

Eigentlich ist es selbstverständlicher Teil des realen Lebens, Spannungszustände aushalten zu müssen, Spannung zwischen dem, was man jetzt gerade möchte, und dem, was jetzt gerade angezeigt ist, Spannung zum Beispiel zwischen «Ich will jetzt ein Eis» und «Nein, es gibt jetzt kein Eis».
Sofortiger Lustgewinn und Vermeidung von Unlust sind normales kleinkindliches Verhalten. Sie haben Lust auf Brust und keine Lust, länger im feuchten Dreck zu liegen. Das Prinzip gilt auch für andere Lebenssituationen. Und wenn Entwicklung und Erziehung einigermassen funktionieren, wird das Streben nach sofortigem Lustgewinn in angemessener Weise in Schach gehalten, durch die eigene Persönlichkeit oder durch andere, durch Erziehung eben.
Das führt normalerweise dazu, dass man auf etwas warten, die Belohnung aufschieben kann. Wer zum Beispiel die Natur beobachten will, muss warten können. Da kommt die Maus. Und es passiert nichts. Nichts. Nichts. Nichts. Die Schlange rührt

sich nicht. Langweilig. Und plötzlich, aus dem Nichts heraus, schnappt die Schlange zu. Aus die Maus. Und weil es so langweilig war, verpasst man ausgerechnet diesen Moment.

Da bietet die Natur am Bildschirm deutlich mehr «Äktschen», da muss man nicht warten. Die Maus kommt, die Schlange schnappt zu. Die Wartezeiten sind rausgeschnitten.

Im Leben lassen sich Wartezeiten nicht wegschneiden. Da geht nicht alles subito. Wer seine Mediengewöhnung in die reale Welt übertragen will, gerät mitunter in Konflikte – mit den Möglichkeiten und/oder mit anderen Menschen. Mit solchen beispielsweise, die «nein!» sagen (müssen) – weil es jetzt eben kein Eis gibt, weil jetzt das Handy nicht benutzt wird, weil es jetzt Zeit ist aufzustehen, weil ..., weil ..., weil ... .

Und je nach Erziehung, nach erlernten Verhaltensmustern werden die Reaktionen anders ausfallen. Im einen Fall: maulen, quengeln, meckern, schreien, rabiat werden. Und wer den erzieherischen Konflikt mit seinem Kind schon auf der Ebene des einfach «Nein!» gescheut hat, wird wohl eher bereit sein, faule Kompromisse einzugehen, um allfällige Frustrationsreaktionen des Kindes gar nicht erst aufkommen zu lassen. Also: vorauseilend nachgeben, um mögliche kindliche Enttäuschungen zu ersparen und um mögliche entstehende Konflikte zu vermeiden. Doch: Enttäuschungen ersparen wollen heisst auch, Lerngelegenheiten vorenthalten. Die elterliche Flucht in die Überbehütung macht es für Kinder schwierig, konstruktiv mit Konflikten umzugehen, sich in Frustrationstoleranz zu üben und Verantwortung zu übernehmen, ohne diese auf andere abzuschieben – auf die Lehrer zum Beispiel.

Und da hat sich in den letzten Jahren einiges verändert. Wäre zu unserer Zeit die Mutter in der Schule aufgekreuzt – welche Blamage. Das scheint heute kaum jemandem mehr peinlich zu sein. Eltern, die sich auf dem Sportplatz mit dem Trainer lautstark streiten, weil er ihren Sohn (die grosse Nachwuchshoffnung) ausgewechselt hat – früher unvorstellbar. Heute nimmt man das ebenso achselzuckend zur Kenntnis wie den Umstand, dass die Mutter auf dem Fussballplatz ihrem Sohn die Schuhe bindet.

Sich kompetent erleben

Der Weg führt aber eigentlich genau in die entgegengesetzte Richtung, in Richtung Unabhängigkeit und Eigenständigkeit. Das stärkt das Selbstbewusstsein von Kindern und fördert den Glauben an ihre eigenen Fähigkeiten – die Erfahrung, dass sie schwierige Situationen aus eigener Kraft meistern können. Selbstwirksamkeit[1] wird diese Überzeugung genannt, die sich hochgradig positiv auswirkt auf das Verhalten von Menschen. Sie beeinflusst, welche Herausforderungen wir überhaupt anzunehmen bereit sind. Sie reguliert die Anstrengungsbereitschaft

---

1   Bandura, Albert: Self-efficacy: The Exercise of Control. Freeman.
    New York. 1997.

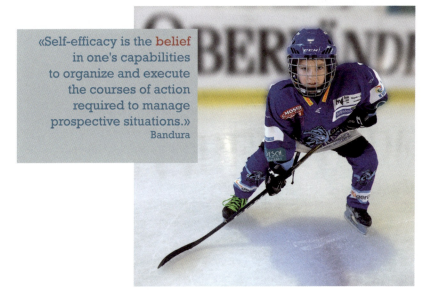

«Self-efficacy is the belief in one's capabilities to organize and execute the courses of action required to manage prospective situations.»
Bandura

in solchen Situationen. Und sie ist ausschlaggebend für die Art des Umgangs mit Widerständen und Hindernissen. Das ist ja klar: Wenn ich nicht daran glaube, etwas schaffen zu können, werde ich tunlichst vermeiden, mich überhaupt der Situation auszusetzen. Wer seinen Fähigkeiten nicht vertraut, fürchtet sich davor, Dinge in Angriff zu nehmen, die ebensolche Fähigkeiten voraussetzen würden. Wer als Kind beispielsweise nie die Erfahrung machen kann, Konflikte mit anderen lösen zu können, hat keine Chance, diese Fähigkeit an sich selber zu erkennen. Und er wird solchen Situationen wenn immer möglich aus dem Weg gehen. Die Motivation, sich mit Dingen zu beschäftigen, die schwierig erscheinen, wird sich verständlicherweise in Grenzen halten. Wer will sich schon als Verlierer erleben? Niemand! Menschen wollen sich kompetent erleben. Und Kinder sind ja bekanntlich auch Menschen. Der Wunsch, sich erfolgreich und selbstwirksam durch den Alltag zu bewegen, gilt deshalb auch und gerade für sie. Nicht von ungefähr wird Kompetenzerleben in der Selbstbestimmungstheorie der Motivation[2] als eines der drei menschlichen Grundbedürfnisse bezeichnet. Das heisst: Menschen sind dann motiviert, etwas zu tun und sich zu engagieren, wenn die Erfolgswahrscheinlichkeit relativ hoch ist. Das ist sie dann, wenn man mit einer gewissen Überzeugung an die Sache herangeht. Und das wiederum setzt voraus, dass man sich in vergleichbaren Situationen schon entsprechend hat bewähren können.

Oder andersrum: Menschen suchen sich vorzugsweise jene Verhältnisse aus, die ihnen ein gewisses Mass an Selbstwirksamkeit in Aussicht stellen – sei es beim Versprayen von Hauswänden, als Schadensverursacher in World of Warcraft, beim Lesen einer wissenschaftlichen Zeitschrift oder beim Schwimmtrai-

---

2 Deci, Edward L./Ryan, Richard M.: Die Selbstbestimmungstheorie der Motivation und ihre Bedeutung für die Pädagogik. Zeitschrift für Pädagogik. 39. Jg. Nr. 2/1993, S. 223–228.

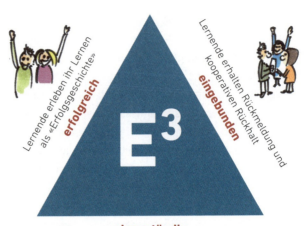

eigenständig
Lernende arbeiten selbstkompetent und
gestalten ihr Lernen mit

ning. Das Erziehungsziel ist damit schnell formuliert: Je mehr
sich Kinder in Situationen erfolgreich erleben, die sich positiv
auf ihre Persönlichkeitsentwicklung auswirken, desto besser für
alle Beteiligten.

Aber: Diese Kompetenzerfahrungen können Kinder nur selber machen. Und entsprechend muss jede Hilfe eine Hilfe zur
Selbsthilfe sein. Es hilft mir als Schüler bestenfalls, Ärger zu
vermeiden, wenn ich den Aufsatz mitbringe, den mir die Mutter
geschrieben hat. Da kann ich nur hoffen, dass sie dafür wenigs-
tens eine gute Note kriegt, sonst wird das nichts mit «Ärger
vermeiden». Im Gegenteil.

Als zweites menschliches Grundbedürfnis definieren die Motiva-
tionsforscher den Wunsch nach Autonomie. Dabei geht es nicht
um die grenzenlose Freiheit, sondern darum, in einem mehr
oder weniger eng begrenzten Rahmen Wahlmöglichkeiten zu

haben. Und für die entsprechenden Entscheidungen dann auch Verantwortung zu übernehmen. Das heisst nun allerdings nicht, dass Eltern es sich einfach machen können und es mit dem Hinweis auf die Selbstbestimmungstheorie den Kindern überlassen, ob und wann sie schlafen gehen und wie lange sie vor dem Bildschirm Krieg führen. Freiheit und Verantwortung müssen sich die Waage halten. Und wer mit Freiheit noch nicht umgehen kann, muss halt lernen, zum Beispiel auch dadurch, dass andere – zum Beispiel die Eltern – die Verantwortung übernehmen. Mit der Konsequenz, dass sie die Freiheit bedürfnisgerecht einschränken, nicht als Ziel, aber als Leitplanken auf dem Weg zu einem verantwortungsvollen Umgang mit Autonomie.

Zeig mir deine Freunde

Das dritte Grundbedürfnis bezieht sich auf die soziale Eingebundenheit. Menschen wollen nicht isoliert sein oder sich isoliert und ausgegrenzt fühlen. Sie wollen irgendwo und irgendwie dazugehören. Das ist bei Erwachsenen so. Und es ist bei Kindern und Jugendlichen so. Die Zeit, in der Kinder quasi offiziell von anderen Kindern (zum Beispiel von Geschwistern) erzogen wurden, ist zwar vorbei. Peers spielen dennoch eine zentrale Rolle. Mit zunehmendem Schulalter werden die Peers sogar zum dominierenden Sozialisationsfaktor. «Zeig mir deine Freunde und ich zeig dir deine Zukunft» ist deshalb mehr als einfach ein Spruch. Die Wahl der Freunde, die Wahl der Gruppe ist ein Stück weit auch eine Weichenstellung. Und eine Selbstoffenbarung. Wer sich wohlfühlt in der Gemeinschaft mit anderen Jugendlichen, deren Hauptaufgabe vor allem darin besteht, herumzuhängen und die Zeit totzuschlagen, würde sich im falschen Film wähnen bei denen, die viermal wöchentlich das Sporttraining besuchen, daneben noch aktiv in der Modellfluggruppe mitmachen und sich nach der Schule regelmässig aus freien Stücken zur Prüfungsvorbereitung treffen. Und klar: Wer sich über längere Zeit in der einen oder anderen Gruppe aufhält, wird deren Regeln, Rituale, Verhaltens- und Denkmuster übernehmen. Denn ein zentrales Merkmal jeder Gruppe ist ihre Abgrenzung zu anderen Gruppen. Diese Unterscheidungskriterien haben immer etwas Irrationales, sie zeigen sich zum Beispiel in Form von Ritualen, Farben, Kleidern, Ausdrucksweisen, Abzeichen. Das verstärkt das Gefühl der Zugehörigkeit.

Nun gibt es eben förderliche oder weniger förderliche Freundeskreise. Peers, die auf andere einen positiven Einfluss haben, und solche, die eher das Gegenteil bewirken. Der Frage, mit wem die Kinder ihre Zeit verbringen, wo sie sich sozial eingebunden fühlen, kommt eine nicht zu unterschätzende Bedeutung zu. Denn: «When a good person meets a bad system, the system always wins.» Und «schlechte» Gruppen sind in der Regel eher solche, die sich nach unten orientieren, dort wo phlegmatische Trägheit reicht, um sich mit billigen Doofheiten die Zeit irgendwie zu vertreiben, vor allem, wenn der Spass dann noch zulasten anderer geht. Und da bietet die digitale Welt mit ihren sogenannt sozialen Medien natürlich jede Menge anonymer und bequemer Möglichkeiten, sich gegen andere zu verbünden. Man muss nicht einmal den Hintern heben. Dass ein solches Umfeld auf Dauer der Persönlichkeitsentwicklung nicht zuträglich ist, das versteht sich von selbst. Förderliche Gruppen sind deshalb eher herausfordernde Gruppen, deren Zugehörigkeit in irgendeiner Weise mit Leistung in Verbindung steht. Wer einer Trainingsgruppe angehören will, muss trainieren. Wer einer Lerngruppe angehören will, muss lernen. Wer einer Musikgruppe angehören will, muss musizieren. Das heisst nicht, dass man keinen Spass und keine Freude hat. Im Gegenteil. Aber es ist mehrheitlich ein Spass, der sich aus dem heraus ergibt, was man tut. Förderliche Gruppen wissen in der Regel auch, wo der Blödsinn seine Grenzen hat und

> SHOW ME YOUR FRIENDS AND I WILL SHOW YOU YOUR FUTURE.

wo man aus moralischen Selbstverständlichkeiten auch gewisse Ansprüche an sein eigenes Verhalten stellen muss. Das heisst: Soziale Eingebundenheit in ihren förderlichen Ausprägungen gibt es nicht zum Nulltarif. Man muss bereit sein, etwas zu geben, etwas zu tun. Soziale Eingebundenheit ist so gesehen eine Investition – und kein Konsumgut. Sie beginnt bei mir und nicht bei den anderen.

Dafür brauchen Kinder und Jugendliche gute Beispiele, ganz besonders in einer Welt, in der sich die Menschen in medialer Öffentlichkeit zunehmend über ihre Befindlichkeiten zu definieren scheinen. In einer Welt, in der es wichtig ist, seine Kraftlosigkeit öffentlich zu zelebrieren und die digitale Welt daran teilhaben zu lassen, wenn man sich gerade nicht so gut fühlt. In einer Welt, in der es normal ist, andere für sein Unwohlsein verantwortlich zu machen. Daraus leitet sich quasi ein Erbrecht auf ein angenehmes Leben ab, für das selbstredend andere die Verantwortung zu übernehmen haben.

Da kann man den Kindern nur raten: Schlagt dieses Erbe aus. Seid gute Freunde, damit ihr gute Freunde findet. Blamiert euch täglich und lernt diese Lektionen, die euch das Leben offeriert. Das macht stark.

Aber kann man es ihnen verargen, wenn sie das nicht tun? Kann man es ihnen verargen, wenn sie nicht mit blau gefrorenen Lippen einen Bach stauen, wenn sie nicht mit spitzen Stahlnägeln Bretter für eine Baumhütte zusammenbauen, wenn sie nicht mit alten Rädern ein Gefährt basteln und damit – ohne Helm – einen Hang runterbrausen? Erstens haben die Erwachsenen gefühlte tausend Gründe zur Hand, weshalb das nicht geht. Und zweitens haben die Kinder mittlerweile gelernt, dass das Leben vor dem Bildschirm mit der Hand in der Chipstüte um einiges einfacher ist – in jeder Beziehung.

4

Der Kassenkampf.
Oder:
Macht
korrumpiert.

Macht versteht sich als Möglichkeit und Fähigkeit, etwas zu bewirken, das Verhalten von anderen zu beeinflussen. Und Erziehung wird definiert als die pädagogische Einflussnahme auf das Verhalten und die Entwicklung Heranwachsender. Macht und Erziehung liegen also ziemlich nahe beieinander. Und in beiden Fällen gesellt sich dann noch die Verantwortung dazu. Wer – aus welchen Gründen auch immer – sich das Recht herausnehmen kann, Entscheidungen zu treffen, die für andere bedeutsam sind, muss meistens auch den Kopf dafür hinhalten. Oder sollte.

Nun entsteht der Sinn einer Botschaft ja bekanntlich beim Empfänger. Daher ist es eigentlich naheliegend, dass in unserer Wohlfühl- und Spassgesellschaft der Begriff «Macht» weiterum auf den Magen schlägt und emotionale Hautausschläge verursacht. Macht ist ein zeitgeistiges Unwort.

Dabei ist Macht per se erst einmal weder gut noch schlecht. Die Wirkung entsteht erst durch die Menschen – durch jene, die Macht ausüben, und durch jene, die sie zu spüren bekommen. Wenn ein Fussballtrainer seine Spieler durch Schnee und Regen quält, dann ist ihm die Macht gegeben, diese harte Tour zu fahren. Und im Normalfall werden die Spieler seiner Expertise folgen, im Wissen darum und im Vertrauen darauf, dass er das auch ihretwegen tut. Damit sie nämlich erfolgreich sind.

Nur ist das Spiel mit der Macht ein bisschen komplexer als das Spiel mit dem Ball. Immer wenn Menschen irgendetwas miteinander zu tun haben, ist Macht Teil des Geschehens. Sie äussert sich in rabiaten und offenen oder in verdeckten und subtilen Formen in einem vielschichtigen und verschlungenen Wechselspiel von Beeinflussung und Anpassung. Das Ziel ist klar: den Lauf der Dinge zu unseren Gunsten beeinflussen. Was nicht ganz so klar ist: Bei wem sie liegt, die Macht. Zum Beispiel in der Erziehung.

Formell und theoretisch (und sogar rechtlich) ist es wiederum klar: Die Verantwortung liegt bei den Eltern – oder bei speziell

definierten Erziehungsverantwortlichen. Bei Erwachsenen auf
jeden Fall. Sie haben letztlich das Sagen.

Aber wie andernorts auch, ist der Unterschied zwischen Theorie und Praxis in der Praxis mitunter grösser als in der Theorie.
Das zeigt sich in unzähligen Alltagssituationen. Da diskutiert
man beispielsweise als aufgeschlossene Eltern im Rahmen der
wöchentlichen Familienkonferenz mit den Kindern, wägt auf Au-
genhöhe Argumente und Gegenargumente ab und einigt sich auf
ein Zeitfenster für die freizeitliche Mediennutzung. Nehmen wir
mal an: zwei Stunden pro Tag. Und bereits am ersten Tag nimmt
das demokratische Unheil seinen Lauf. Der Sohn stellt sich auf
den Standpunkt, die Zeit, die er computerfrei auf dem Klo verbracht habe, dürfe nicht in die Rechnung einbezogen werden.
Zudem sei er zwei Mal unterbrochen worden von Freunden, die
noch Fragen gehabt hätten zur Schule. Das sei selbstverständlich ebenfalls angemessen zu berücksichtigen. In Anbetracht des
aktuell zeitlich aufwändigen Stuhlganges und der ausführlichen
Aufgabenbesprechung müsste das Zeitfenster um mindestens
eine Stunde länger geöffnet werden.

Eine Möglichkeit ist es, sich auf dieses Feilschen einzulassen. Dabei wird die Frage nicht zu umgehen sein, ob eine Vereinbarung immer wieder zur Diskussionsgrundlage uminterpretiert werden kann. Und durch wen? Geht das Feilschen grundsätzlich immer nur in eine Richtung? Und kurzum wird man als Vater oder Mutter Position zu beziehen haben. Das kann man auch gleich so haben und sich den Weg über den Markt von Marrakesch ersparen. In beiden Fällen wird man auf der Beliebtheitsskala Richtung Keller rutschen. Aber: Erstens wird das Kind keinen Schaden davontragen und zweitens wird es merken, dass Eltern keine Manipuliermasse sind.

DOES YOUR TALK MATCH YOUR WALK?

Mut zum Nein!

Eine essenzielle Aufgabe dessen, was Erziehung genannt wird, ist: Transparenz schaffen, Orientierung zu bieten. Das braucht klare Ansagen. Allerdings: Das reicht nicht. Denn Menschen orientieren sich nicht an dem, was ihnen gesagt wird. Sondern an dem, was sie sehen und erleben. Ein Nein, das als Ja endet, ist dann eben ein Ja. Wer erzieht, gibt Regeln vor, setzt Normen. Und Normen werden gesetzt, um eingehalten zu werden. Wer zulässt, dass Normen verletzt werden, lädt förmlich ein zu weiteren Normverletzungen. Unspezifisch. Sie folgen dem «Scheiss-egal-Effekt»: Es hat ja keine Folgen. Ergo: Wem die Erziehung der Kinder nicht scheissegal ist, der sorgt dafür, dass dieser Effekt nicht eintritt. Durch Glaubwürdigkeit. Und Berechenbarkeit. Und Mut zur Unpopularität. Auch wenn der Nachwuchs das völlig uncool findet. Das ist die Regel. Und Ausnahmen sind nicht nachträglich als solche zu deklarieren. Sondern wenn, dann vorher, mit grossen Buchstaben: «Achtung, jetzt kommt eine Ausnahme!»

Der absolute Klassiker in Sachen Machtspiel geht täglich unzählige Male an den Kassen in Supermärkten über die Bühne.
Die Hauptdarsteller sind immer die gleichen: in der Regel eine
Mutter, die ihre Einkäufe aufs Band legt, sie auf der anderen
Seite einpackt und auch noch die Bezahlung regeln muss. Und
ein Kind, dem sich beim Warten unglaublich viele süsse, farbi-
ge Dinge aufdrängen. Und da aus seiner Sicht nichts dagegen
spricht, lässt es das seine gestresste Mutter in geeigneter Form
wissen. Geeignet heisst: «Kaugummi», zuerst leise, «ich will
Kaugummi», dann immer lauter. «Kaaaaaauuuguummmiiiiiii».
Das lässt sich noch steigern: sich auf den Boden legen beispielsweise und noch lauter schreien. Spätestens jetzt betreten die
Statisten die Bühne. Leute in der Schlange, die mit hochgezoge-
nen Augenbrauen und halblaut gemurmelten Kommentaren den
emotionalen Druck erhöhen, derweil der kleine Furz am Boden
noch einmal einen akustischen Zacken zulegt. Da ist guter Rat
teuer, buchstäblich. Denn entweder kostet es Geld für den Kaugummi. Oder es kostet Nerven.
Ersteres ist einfacher. Und geht schneller. Das schlechte Erzie-
hungsgewissen verlangt von der Mutter noch, mit ernstem Blick
und mahnender Stimme dem Kind zu verstehen zu geben: «Aber
das ist eine Ausnahme.» Wenn das Kind «blah, blah» denken
könnte, würde es genau das tun. Denn die Botschaft ist eine
andere: «Man muss nur an der richtigen Stelle genug Terror
machen, dann kriegt man, was man will.» Das heisst: Wenn
Eltern tun, was Kinder wollen, haben die schon in den Windeln
die Hosen an. Und wenn sie Konflikte scheuen und die Entscheidungen deswegen dem Nachwuchs überlassen, dann tanzt der
ihnen halt auf der Nase herum. Nicht mutwillig, sondern weil er
es so gelernt hat.
Deshalb lohnt es sich auf längere Sicht, sich nicht erpressen zu
lassen. Die Antwort kann nur heissen: «Nein». Und zwar ohne
Begründung. Dann ist man vielleicht ein paar Minuten für ein
paar Statisten eine «schlechte Mutter». Was solls? Das ist alle-

mal besser, als sich die erzieherische Autorität untergraben zu lassen. Und es verhindert mit einiger Wahrscheinlichkeit, dass die Kinder auf der narzisstischen Intensivstation landen.

Mut zur Unpopularität

Kinder leben mit anderen Menschen zusammen. Das gibt ihnen bestimmte Rechte. Und weil sie noch Kinder sind, werden diese Rechte noch ergänzt durch ein angemessenes Mass an Narrenfreiheit. Das heisst: Als Kind kann man sich durchaus das Recht herausnehmen, sich nicht ganz so zu verhalten, wie die Erwachsenen das gerne hätten – und wie man es von ebenjenen Erwachsenen auch erwarten würde. Es ist eine der Entwicklungsaufgaben von Kindern, sich von der Erwachsenenwelt abzugrenzen. Eine Aufgabe übrigens, die sich für die Kinder immer schwieriger gestaltet, da die Erwachsenen immer jünger sein wollen und sich immer kindischer verhalten. Es wird wohl die Zeit kommen, in der am Elternabend die Kinder ermahnt werden, ein bisschen besser auf ihre Eltern aufzupassen. Noch ist es nicht ganz so weit. Noch obliegt den Eltern die Aufgabe, dafür zu sorgen, dass die Kinder nicht allzu viele und nicht allzu grosse Dummheiten machen. Und vor allem auch: nicht allzu lange die gleichen. Das heisst: Ein bisschen lieb sein und es gut meinen, das reicht nicht. Erziehung ist eine Dauerbaustelle – ab und an sogar eine, auf der es einiges zu tun gibt und die Arbeitszeiten nicht gewerkschaftlich geregelt sind. Denn als Eltern muss man sich nicht nur mit Vorstellungen und Bedürfnissen des Nachwuchses auseinandersetzen, man muss diese auch möglichst konstruktiv in Beziehung setzen zu eigenen Anliegen und Notwendigkeiten. Erziehung ist so gesehen auch ein Dauerprozess des Teilens und Verteilens – zum Beispiel von Zeit und Aufmerksamkeit. Dabei beschränkt sich die Auseinandersetzung mit den Kindern nicht nur isoliert auf sie selber, sie schliesst auch die gesellschaftlichen Bedingungen mit ein, den Zeitgeist, das, was gerade trendig ist, die realen und virtuellen sozialen Verbindungen, die sich daraus ergeben.

Und dabei gibt es immer und immer wieder Situationen, die nach Entscheidungen rufen. In diesem Begriff verbirgt sich «scheiden», also beispielsweise das eine tun statt das andere, das eine dürfen, das andere nicht. Davon ist immer jemand betroffen und nicht immer so, wie es einem gerade so in den Kram passen würde. Das löst Widerstände aus und führt zu Situationen, die man dem Frieden zuliebe vielleicht gerne vermeiden würde. Kurzfristig kann man sich das einfach machen: Man überlässt die Entscheidungen den anderen oder dem Zufall und wäscht dann seine Hände in Unschuld. Aber das ist eines sicher nicht: Erziehung.

Kinder hätten eigentlich ein Recht auf reife Erwachsene, auf ein klares, authentisches und lesbares Gegenüber, auf Menschen, die durchaus auch mit einem gewissen Mut zur Unpopularität bereit sind, Position zu beziehen. Weil sie sich verantwortlich fühlen – und zwar über die Situation hinaus. Weil sie ein langfristiges Ziel verfolgen – nämlich die positive emotionale und soziale Entwicklung des Heranwachsenden. Und dazu gehört auch die Erfahrung, dass andere von mir etwas verlangen oder

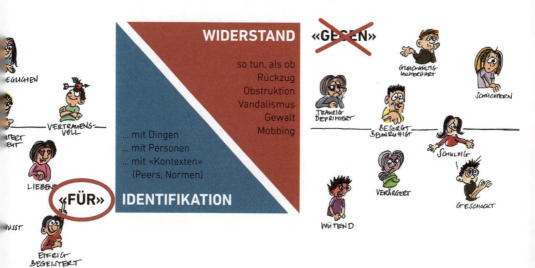

mir auch etwas vorenthalten dürfen. Dass das normal ist und selbstverständlich. Dass meine Befindlichkeiten dem Leben ziemlich egal sind. Dass es mit hoher Wahrscheinlichkeit fortan immer Menschen geben wird, die etwas besser können, die aus welchen Gründen auch immer mehr zu sagen haben. Und dass mir deswegen noch lange kein Zacken aus der Krone fällt. Dabei geht es nicht im Entferntesten um eine Erziehung im Kampfanzug. Denn zumindest längerfristig werden Jugend-liche die familiären Erziehungsmuster ohnehin nur dann grosso modo akzeptieren, wenn sie sich damit – ebenfalls grosso modo – identifizieren können. Je geringer die Identifikation, desto grösser die Widerstände. Identifikation stiften, das ist somit ein wichtiges Erziehungsziel, den Kindern das Erlebnis bescheren, dass sie durch das, was sie unternehmen oder unterlassen, Teil der Lösung sind. Sonst werden sie schnell einmal zum Teil des Problems.

Was du brauchst, nicht was du willst

Wer nicht ein hohes Mass an Identifikation aufbringen kann, für das, was er tut, für den Verein, in dem er spielt, für die Firma, in der er arbeitet, für die Umgebung, in der er zu Hause ist, wird sich wegorientieren. Er wird sich seine Refugien ausserhalb suchen – auch ausserhalb von sich selber.
Für Heranwachsende entsteht Identifikation auch dadurch, dass sie erkennen und erleben, in vielerlei Situationen viel von dem zu erhalten, was sie brauchen. Nur – und das ist die Krux: Das, was sie brauchen, ist keineswegs immer das, was sie wollen. Und, das kommt noch erschwerend hinzu: Der Unterschied zwischen «brauchen» und «wollen» ist den Kindern weder klar noch wichtig. Kein Kind braucht beispielsweise das neueste Handy mit allen Schikanen. Nicht eines. Aber wollen, klar, wenn die Werbung suggeriert, man sei hinter dem Mond ohne dieses

Spielzeug und in der Schule auch schon einige damit angeben. Die Devise könnte also heissen: Du kriegst alles, was du brauchst – aber nicht alles, was du willst. Und ich zeige dir, was es von dir braucht, damit du das kriegst, was du willst – wenn du es dann immer noch willst.

Das war früher um Dimensionen einfacher. Erstens gab es viel weniger, das man hätte wollen können. Und zweitens war die Aussicht, es zu kriegen, ohnehin sehr gering.

Kein Vergleich zu heute: Alles ist (oder scheint zumindest) verfügbar. Pausenlos werden die Menschen hierzulande mit einer gewaltigen Flut von Angeboten zugemüllt. Ein Shampoo zu kaufen in einem Drogeriemarkt – Hunderte von Möglichkeiten. Wer um Himmels Willen braucht das? Hundert, zweihundert, dreihundert Fernsehprogramme, was um alles in der Welt soll denn das, wenn doch sowieso überall der gleiche seichte Schrott über den Bildschirm flimmert? Wo man auch geht und steht – unentwegt wird einem um Augen und Ohren gehauen, was man alles habe sollte. Unbedingt. Weil es alle Influencer und alle Soi-disant-Promis auch haben. Und weil es doch gerade so günstig ist. Eine Welt im Konsumrausch – berauscht von allem, was man eben konsumieren kann. Und das kennt keine Grenzen.

So, in diesem Umfeld sollen nun also Kinder den Unterschied lernen zwischen «brauchen» und «wollen». Gerade sie, die am einfachsten zu verführen sind. Es ist relativ einfach, sich vorzustellen, was passiert. Man muss es sich nicht einmal vorstellen: Ein Blick in die Statistik reicht. So nimmt beispielsweise der Anteil straffälliger Mädchen rasant zu. Hauptdelikt: Ladendiebstähle. Besonders beliebt: Kosmetika, Kleider, Accessoires. Der Konsumdruck unter den Heranwachsenden sei enorm gestiegen, seit sie, statt ein Hobby zu pflegen, ihre Zeit damit verbrächten,

> WENN MEINE KINDER IRGEND-WANN RAUSKRIEGEN, DASS NICHTS PASSIERT, WENN ICH BIS DREI ZÄHLE, DANN BIN ICH ERLEDIGT.

in Shoppingcenters herumzuhängen, wird der Geschäftsführer der Zürcher Jugendförderung zitiert.[1] «Es gilt mehr denn je: Du bist, was du trägst und hast.» Scham und moralische Bedenken würden ersetzt durch die Haltung: Es gibt so viele Sachen im Angebot, da schade ich niemandem, wenn ich etwas nehme. Zudem können sie sich mit solchen Taten in der Clique profilieren und im Netz mit ihrem neuen teuren Lippenstift eine Menge Likes einheimsen.

Eine der Herausforderungen in der heutigen Erziehungswelt besteht deshalb auch darin, Kinder nicht einfach kampflos der multioptionalen, überdrehten Spass- und Konsumgesellschaft auszuliefern. Und das ist beileibe kein einfaches Unterfangen. Im Gegenteil: Wer das will, sieht sich einem Heer von höchst professionellen Verführern gegenüber, die genau das wollen – dass Kinder von klein an keinen Unterschied mehr machen zwischen «brauchen» und «wollen». Und da Versuchungen zu widerstehen erstens im Kindesalter und zweitens in einem konsumberauschten Umfeld alles andere als einfach ist, kann Unheil nur verhindert werden, wenn sich die erziehenden Erwachsenen wie solche benehmen – wie erziehende Erwachsene eben.

Das heisst: Sie müssen für die Kinder den Nein-Part übernehmen. Sie müssen das tun, was von den Kindern fairerweise nicht verlangt werden kann. Und sie müssen dieses Neinsagen und Grenzensetzen richtig machen, mit Überzeugung, nicht im empathisch gehauchten Konjunktiv, bis die Sprösslinge nur noch verwirrt aus der Wäsche gucken. Man muss mit Erwachsenen rechnen können – buchstäblich. «Ich zähle bis drei!» – «Eins, zwei, drei … vier». Wer wiederholt nicht tut, was er sagt, tut das im Wissen, dass jede Situation das Ergebnis ist von Entscheidungen, die wir zuvor einmal getroffen haben. Apropos Entschei-

---

1   Riklin, Fabienne: Sie klauen und fahren schwarz. Der Anteil straffälliger Mädchen hat sich in der Schweiz verdoppelt. Mit Ladendiebstählen profilieren sie sich in der Clique. BernerZeitung. 22.10.17.

dungen: Die Fülle der Optionen verlangt nach einer ebensolchen
Fülle von Entscheidungen. Wer heute Kinder erzieht, muss bereit
sein, häufig nein zu sagen. Kein leichter Job, fürwahr.

Und es heisst auch: Wer sich nicht überfordern will, muss den
Nachwuchs befähigen, sich die Grenzen selber zu setzen. Impulskontrolle, Belohnungsaufschub, Frustrationstoleranz, das
sind Dinge, die man lernen kann. Aber nicht, indem
man ein Arbeitsblatt dazu ausfüllt oder einen Lü-
ckentext. Und auch nicht, indem man das ganze
pädagogische Argumentarium über die Kinder
ausschüttet. Das geht denen nämlich am Allerwertesten vorbei. Denn es ist nicht ihr Problem.
Impulse kontrollieren lernt man nur, indem man
Impulse kontrolliert. Und wer das nicht kann, tut es
nur, wenn er sich zwingt dazu. Oder wenn andere ihm keine
andere Wahl lassen. Und wer immer und immer wieder Dinge
nicht tut oder nicht tun darf, die er jetzt eigentlich gerne tun
würde, entwickelt mit der Zeit entsprechende Verhaltensmuster. Man sagt dazu auch Gewohnheiten. Denn eben: Zwei Drittel
des Alltagsverhaltens werden von Gewohnheiten gesteuert.
Erziehung ist also eigentlich nichts anderes als Gewohnheiten
aufbauen. Und gute Erziehung baut eben gute Gewohnheiten
auf – Gewohnheiten, die helfen, mit den vielfältigen Versuchungen sehr selektiv umzugehen und jene Dinge zu tun, die einen
weiterbringen. Die anstrengenden. Die herausfordernden. Die
kniffligen. Die schwierigen.

Verwöhnen ist eine Form von Kindesmisshandlung

Die Welt präsentiert sich den Menschen als schriller und ag-
gressiver Jahrmarkt der vermeintlichen Notwendigkeiten. Diese
vereinnahmende Kultur des Habenmüssens und Seinmüssens
wird medial in vielfältiger Weise multipliziert. Jede Fernsehsen-

dung wird fortwährend unterbrochen, um mir weiszumachen, dass ich dies und jenes brauchte, um «in» zu sein. Jede Website zwingt mich dazu, zuerst mal und immer wieder irgendwelche Banner wegzuklicken, die mir suggerieren, wie peinlich es mir eigentlich sein muss, wenn ich dieses oder jenes nicht habe. Innenstädte sind zu gigantischen Kathedralen des Konsums und der Selbstdarstellung umgebaut worden. Alles ist da und vor allem: Alles ist für mich da – eine Omnipräsenz des käuflichen Lebensgefühls. Und: Nicht nur alles, auch alle sind für mich da, und sie haben mir als Kind gefälligst ihre ungeteilte Aufmerksamkeit zu schenken. Sie haben beispielsweise ihre Gespräche zu unterbrechen und mir zuzuhören, wenn ich etwas sagen will. Und zwar subito.

Das schafft nicht nur materielle und emotionale Abhängigkeiten, es manipuliert die (jungen) Menschen klammheimlich (und unheimlich), und es bugsiert sie in eine Vorstellungswelt, in der die Verantwortung für das eigene Glück outgesourct werden kann, so nach dem Motto: Wenn du das Gefühl hast, es gehe dir nicht gut, suche sofort einen Schuldigen. Am besten eignen sich Abstraktionen: «die steigenden Anforderungen» oder «der zunehmende Stress» oder «die bedrückenden Perspektiven». Die wehren sich nicht. Und eignen sich entsprechend gut als billige Ablenkungsmanöver. Denn man kann es drehen und wenden, wie man will: Die Verantwortung für Lebensfreude und Zufriedenheit lässt sich nicht delegieren. Gute Gefühle mit sich selber sind gebunden an eigenes Bemühen. Erwachsene können Heranwachsende dabei lediglich unterstützen. Und das sollen sie tun. Dabei spricht nichts dagegen, die Kinder ab und an zu verwöhnen. Ab und an! Das ist das Wesen des Verwöhnens – dass es etwas Spezielles, etwas nicht Alltägliches ist. Sprachgeschichtlich bedeutet verwöhnen «in übler Weise an etwas gewöhnen» – eine verhätschelnde Erziehung, die zu einer Verweichlichung führt. Wer also häufig für sein Kind handelt (ihm zum Beispiel die Schuhe bindet, statt ihm zu zeigen, wie

man es selber macht), ihm immer wieder die Spielsachen weg-
räumt, ihm alles Unangenehme abnimmt und bei jeder Kleinigkeit für sein Kind Partei ergreift, verzieht es zur Abhängigkeit.
Verwöhnung beginnt gleichsam dort, wo die Herausforderung
ausbleibt oder verhindert wird. Es ist eine Art bedingungsloses
kindliches «Grundeinkommen»: Ich kriege, ohne dass ich mich
selber bemühen muss. Was dann zur Erkenntnis und zur Strategie führen muss, ja nicht selber etwas zu tun.

Und das wiederum setzt die Eltern unter zunehmenden «Liefer-
zwang». Damit es nicht zu bunt wird, müssten sie Farbe bekennen. Doch Position beziehen, auch mal die grossen Buchstaben
aus dem pädagogischen Setzkasten nehmen, so dass zwischen
den Zeilen keine relativierende Botschaft mehr Platz hat, das
können oder wollen nicht alle. Sie scheuen den Konflikt, wollen
ihre Ruhe haben, sich nicht unbeliebt machen und sich nicht mit
der Anspruchshaltung des Kindes auseinandersetzen.

Verwöhnung zeigt sich als Folge davon in verschiedenen, sich
wechselseitig verstärkenden Formen.

Da ist einmal dieses gluckenhafte, überfürsorgliche Fernhalten
von allen (un)denkbaren Unannehmlichkeiten dieser Welt – von
anderen Kindern (weil die vielleicht nicht lieb sein könnten), von
Stürzen abseits gepolsterter Spielflächen, vom Anblick des un-
aufgeräumten Zimmers, von Speisen, die dem aktuellen Gusto
nicht genehm oder zuträglich sein könnten. Das Motto heisst:
Man kann sich nie genug Sorgen machen.

Dann drängt sich natürlich in der heutigen Zeit die materielle Variante der Verwöhnung geradezu auf. Nur das Neueste,
Schrillste, Beste, Hipste ist gut genug. Es gibt doch so viel, das
man haben könnte. Und was andere in der Klasse haben, steht
dem eigenen Nachwuchs zu. Mindestens. Entsprechend türmt
sich im Kinderzimmer der ganze Kram, den das Kind will, aber
überhaupt nicht braucht.

Verwöhnung äussert sich des weiteren in einer Form der über-
triebenen Bewunderung. Das hat einerseits zu tun mit einer

Gesellschaft, die krankhaft auf Bewunderung aus ist. Die Zahl der Stars und Superstars und Megastars wächst und wächst und wächst, und alle wollen in deren Glanz ein bisschen mitglänzen. Wer etwas auf sich hält, muss «fame» sein. Das ist der jugendsprachliche Hype – die reale und vor allem die mediale Jugendwelt als virtuelle «hall of fame». Eine richtige ist die internationale Hockey Hall of Fame (HHOF) in Toronto (Kanada). Sie wurde 1943 gegründet, um die besten Eishockeyspieler aller Zeiten zu ehren. Bisher schafften es in all diesen Jahren ganze 399 Persönlichkeiten, in diese Ruhmeshalle des Eishockeys aufgenommen zu werden. Um heutzutage «fame» zu sein, sind herausragende Leistungen nicht mehr nötig. Es reicht, so zu tun und so zu reden.

Diese überdrehte Bewunderungskultur findet ihre Fortsetzung in der familiären Eventkultur. Kinder werden als Lebenserfüllungsobjekte behandelt. Jeder Furz des kleinen Sprösslings ist eine Feier wert. Oder mindestens eine vergötternde Lobeshymne. Für Kindergeburtstage bieten mittlerweile professionelle Eventagenturen ihre Dienste an. Mit flächendeckendem Erfolg. Für das Kind als Kultobjekt werden weder Mühen noch Kosten gescheut. Es hat ja schliesslich nur einmal im Jahr Geburtstag. Und da will man sich ja schliesslich nicht lumpen lassen – auch mit Blick auf die Eltern der Schulfreunde. Die müssen ja nicht meinen, das, was die zustande bringen, das kriegen wir auch hin. Aber locker!

Und so erwarten (und erhalten) die Sprösslinge bis ins späte Jugendalter hinein für jede Kleinigkeit Lob und Anerkennung, wie kleine Kinder, die zum ersten Mal ganz alleine auf dem Töpfchen waren. Doch: Mit der ganzen Lobes- und Verwöhnkultur erreicht man vor allem eines: unselbstständige Kinder mit völlig unangemessenen Erwartungen, ausgeliefert der Aufmerksamkeit anderer, mit wenig Frustrationstoleranz ausgestattet – aber mit dem Gefühl, über ihnen komme nur noch der blaue Himmel. Die Möglichkeit, immer im Mittelpunkt zu stehen, verleiht Macht.

Doch Macht verdirbt den Charakter oder verstellt zumindest
den Blick auf Realitäten und Notwendigkeiten. Das heisst: Verwöhnung ist in mancherlei Hinsicht genauso verhängnisvoll wie
Misshandlung oder Vernachlässigung. Sie läuft Gefahr, längerfristig zur Bestrafung zu werden, zu einer Art **Trojanischem
Pferd der Erziehung**. Das Trojanische Pferd war in der griechischen Mythologie ein riesiges hölzernes Pferd, in dessen Bauch
Soldaten versteckt waren. Metaphorisch versteht man unter
einem «trojanischen Pferd» ein harmlos aussehendes Objekt,
ein Geschenk sogar, das – allenfalls mit Verzögerung – eine
zerstörerische Wirkung entfalten kann. So sind die Trojaner zu
ihrem Namen gekommen, jene eingeschleusten Computerpro-
gramme, die im Hintergrund und ohne Wissen des Anwenders
eine destruktive Funktion erfüllen.
Und so ähnlich verhält es sich mit dem Verwöhnprogramm in
der Erziehung. Anstelle von Kriegern werden – mitunter sogar
in bester Absicht – schlechte Gewohnheiten ins System «Kind»

eingeschleust. Selbstdisziplin, Frustrationstoleranz oder Impulskontrolle fehlen als Firewall. Deshalb können sich die Trojaner
gegenseitig verstärken und ihre zersetzenden Schadprogramme
aktivieren. Und weil sie sich nur langsam ausbreiten, sind sie
nachträglich nur schwer zu lokalisieren. Und noch schwerer zu
deaktivieren.

Die dominierende Rolle der Kinder in der heutigen Gesellschaft
hat einen Namen: Neontokratie. So bezeichnet der amerikanische Anthropologe Davic Lancy[2] das aufdringliche Diktat kind-
licher Bedürfnisse und Befindlichkeiten. Erwachsene stellen ihre
Ansprüche demonstrativ hinter jene der Kinder zurück. Dadurch
gewinnen sie an Macht und Selbstaufwertung: Wer sich derart
unentbehrlich macht, muss ja ein vitales Eigeninteresse daran
haben. Die Inszenierung der Sprösslinge wird zum Instrument
der elterlichen Selbstbeweihräucherung. Es bindet in gewisser
Weise die Kinder an die Eltern. Zumindest kurzfristig. Doch über
den Moment hinaus gedacht ist das nicht ohne Brisanz. Denn
diese verdinglichte Art von Beziehung dreht sich im Hamsterrad
der Neontokratie. Es wird für die Kinder selbstverständlich zu
fordern, nicht nur mit Worten, sondern auch einfach mit einer
entsprechenden Haltung. Und es ist für sie gar keine Frage,
dass Wünsche, Forderungen, Bedürfnisse da sind, um erfüllt zu
werden. Wenn ich etwas will – Eis, Kaugummi, Aufmerksamkeit
oder was auch immer – habe ich ein Recht darauf, es zu kriegen.
Manchmal muss man die Erwachsenen vielleicht ein bisschen
unter emotionalen Druck setzen (zum Beispiel «Du hast mich
nicht mehr gern»). Aber eigentlich verstehen Kinder ihre Bedürfnisse als Aufträge. Und die Erwachsenen sind dem Frieden
und ihrer eigenen Rolle zuliebe bereit, auf dieses Spiel einzugehen. Deshalb werden die Aktivitäten oder Passivitäten der
Sprösslinge aufgehübscht und schöngeredet. Die Jugendlichen

---

2   Lancy, David F.: The Anthropology of Childhood: Cherubs, Chattel, Change-
    lings. Cambridge University Press. Cambridge. 2008.

müssen die Ausreden gar nicht mehr selber erfinden, die Eltern liefern sie ihnen frei Haus. Jeder potenzielle Schnupfen bietet eine willkommene Gelegenheit, sich gegenseitig einen Vorteil zu verschaffen – den Kindern bleibt die Mathematikstunde erspart, und die Eltern äufnen ihr Punktekonto. Augenfällig auch: Fest- und Feiertage sind mittlerweile zu Kinderinszenierungs- und Kinderbeschenktagen umfunktioniert worden. Und entsprechend dankbar ist man für alle neuen Spezialtage, die im Kalender auftauchen. Halloween ist ein Beispiel dafür.

Die Lebenswelt von Kindern und Jugendlichen präsentiert sich als permanente Nabelschau. Das Wort entstammt einem alten griechischen Gebetsritual. Heute wird damit eine übertriebene, unfruchtbare, exaltierte Beschäftigung mit der eigenen Person oder Gruppe beschrieben, die sich im eigenen Saft der Nebensächlichkeiten dreht und wendet. Die wichtigen Dinge bleiben aussen vor und entsprechend unbeachtet, wie bei den Vegetariern, die auf der Speisekarte die Fleischgerichte auch keines Blickes würdigen.

Wenn Kinder anwesend sind, dann droht bisweilen der Ausnahmezustand. Noch nie, so macht es den Eindruck, sind junge Menschen so unstet, so laut, so gemeinschaftsunfähig gewesen. Einerseits ist der Umgang mit Kindern bis zum Gehtnichtmehr pädagogisiert worden, andrerseits scheint Sozialisation immer weniger zu gelingen. Das einfach auf ein Versagen der Eltern zurückzuführen, das wäre eindeutig zu simpel. Eher ist es eine allgemeine gesellschaftliche Erregungs- und Forderungskultur, die sich in den Heranwachsenden Platz schafft. Das lässt viele Eltern wegblicken, über die Dinge hinwegsehen, sich resigniert in die eigene Tasche lügen, gute Miene machen als Teil des Spiels und alle erdenklichen Kompensationsrituale pflegen.

5

Generation Schneeflocke. Oder: Stress, lass nach.

Generation Schneeflocke. Oder: Stress lass nach. Wie Menschen ihre Zeit verbringen, was sie tun, was sie dabei erleben, das hat Einfluss darauf, wie sie sind. Oder kürzer: Menschen sind das Produkt ihrer Erfahrungen. Und je unterschiedlicher die Erfahrungen, desto unterschiedlicher sind logischerweise die Menschen. Doch bei allen Unterschieden ergeben sich auch Gemeinsamkeiten, die sich in bestimmten Merkmalen zeigen. Die wiederum lassen Aussagen darüber zu, was das Spezielle an einer bestimmten Gruppe ist. Oder an einer ganzen Generation. Aufgrund solcher spezifischer Merkmale werden jeder Generation Eigenschaften zugeschrieben, die sie unterscheiden von den vorherigen Altersgruppen. So ist es beispielsweise ohne weiteres nachvollziehbar, dass Menschen, die zu Zeiten des Briefschreibens aufgewachsen sind, eine andere Art der Kommunikation gepflegt haben als jene, deren Augen und Gedanken permanent den Bewegungen auf einem Bildschirm folgen. Und es ist logisch, dass das Spuren hinterlässt und die Menschen «anders» werden. Eben: weil sie anders leben, weil sie sich anders verhalten, weil sie ihre Zeit anders verbringen. Diese gesellschaftlichen Veränderungen und ihre jeweiligen Auswirkungen auf die nachwachsenden Generationen haben ihren Niederschlag gefunden in den Etiketten, die man ihnen umgehängt hat. Die «Maturists» beispielsweise haben Europa in Trümmern erlebt. Sie sind zusammen mit Menschen aufgewachsen, die hauptsächlich damit beschäftigt waren, sich und ihren Kindern ein materiell möglichst geordnetes Leben aufzubauen. Demgegenüber bietet sich den Digital Kids der Generation Z ein völlig anderes Szenario mit entsprechend völlig anderen Möglichkeiten und Bedürfnissen.

Vor dem Hintergrund neuer Lebensumstände und neuer Lebensformen hat sich ein entsprechend neuer Begriff etabliert: Generation «Schneeflocke». Die Bezeichnung wurde vom Collins English Dictionary als eines der zehn Worte des Jahres 2016

	Maturists (geb. vor 1945)	Baby-Boomer (1945–1960)	Generation X (1961–1980)	Generation Y (1981–1995)	Generation Z (nach 1995 geb.)
Prägende Erfahrungen	Zweiter Weltkrieg Rationierungen Starr definierte Geschlechterrollen Rock'n'Roll Kernfamilie Festgelegtes Frauenbild	Kalter Krieg Wirtschaftswunder Swinging Sixties Mondlandung Jugendkultur Woodstock Familienorientierung Zeitalter der Teenager	Ende des Kalten Kriegs Mauerfall Reagan Gorbatschow Thatcherismus Live Aid Der erste PC Anfänge mobile Technologie Schlüsselkinder Zunahme von Scheidungen	Terroranschläge 9/11 Playstation Social Media Invasion im Irak Reality TV Google Earth	Wirtschaftlicher Abschwung Erderwärmung Globalisierung Mobile Devices Energiekrise Arabischer Frühling Eigene Medienkanäle Cloud Computing Wikileaks
Anteil an arbeitender Bevölkerung in % (in UK)	3 %	33 %	35 %	29 %	Teilweise in befristeten Arbeitsverhältnissen oder in Ausbildung
Ziel	Eigenheim	Jobsicherheit	Work-Life-Balance	Freiheit und Flexibilität	Sicherheit und Stabilität
Haltung zu Technologie	Weitgehend uninteressiert	Erste IT-Erfahrungen	Digital Immigrants	Digital Natives	«Technoholics» abhängig von der IT, nur begrenzte alternativen
Haltung zu Karriere	Lebenslange Jobgarantie	Karriere im Unternehmen, wird von den Angestellten mitgestaltet	Karriere bezieht sich auf den Beruf, nicht mehr auf den Arbeitgeber	Digitale Unternehmer Arbeit «mit» Organisationen, nicht «für» Organisationen	Multitasking-Karriere Übergangsloser Wechsel zwischen Unternehmen und «Pop-up»-Business
Typisches Produkt	Auto	Fernseher	PC	Tablet / Smartphone	Google Glass Nanocomputer 3-D-Drucker Fahrerlose Autos
Medien Kommunikation	Brief	Telefon	E-Mail und SMS	Text oder Social Media	Mobile oder in die Kleidung integrierte Kommunikationsmedien
Bevorzugte Kommunikation	Face to Face Meetings	Face to Face, zudem Telefon und E-Mail	Text Messaging oder E-Mail	Online und Mobile (SMS)	Facetime

Text aus INTERNET WORLD Business 22/14 Quelle: Futurebiz

ausgewählt. «Als Generation Snowflake wird die um 1990 ge-
borene Generation bezeichnet, die oft als emotional hochverletz-
lich, psychisch fragil und wenig resilient wahrgenommen wird.
Insbesondere wird ihr nachgesagt, dass sie häufiger als frühere
Generationen beleidigt und nicht bereit sei, sich mit Ansichten
auseinanderzusetzen, die ihren eigenen widersprechen», lässt
sich in Wikipedia nachlesen. Schneeflocke wird als Metapher
gebraucht für die jungen Menschen, «denen es als schwierig

ACHTE AUF DEINE GEDANKEN,
DENN SIE WERDEN WORTE.
ACHTE AUF DEINE WORTE,
DENN SIE WERDEN HANDLUNGEN.
ACHTE AUF DEINE HANDLUNGEN,
DENN SIE WERDEN GEWOHNHEITEN
ACHTE AUF DEINE GEWOHNHEITEN,
DENN SIE WERDEN DEIN CHARAKTER
ACHTE AUF DEINEN CHARAKTER,
DENN ER WIRD DEIN SCHICKSAL.

TALMUD

Das GM-Prinzip

Eine der am weitesten verbreiteten Epidemien heisst Prokrasti-
nation (lateinisch procrastinare = vertagen). Ein bisschen weniger hochgestochen: «Aufschieberitis». Und das einzige Medi-
kament, das je dagegen geholfen hat: Tun! Jetzt! Die Tendenz,
lästige Dinge vor sich herzuschieben, führt auf Dauer nicht nur
zu Ärger und zu Frustrationen mit sich oder mit anderen, dieses
Laster beeinträchtigt auch die zwischenmenschlichen Beziehungen und belastet das Selbstbild. Wer seinen Kindern einen
Gefallen tun will, gewöhnt sie von klein auf an das GM-Prinzip:
grad mache! Die kleinen Dinge immer gleich erledigen. Jetzt!
Nicht «später».

oder unmöglich erschien, mit früher als normal empfundenen Herausforderungen des Erwachsenenlebens, insbesondere mit den Anforderungen der Erwerbsarbeit umzugehen», so Wikipedia weiter. Zurückgeführt wird diese fehlende Fähigkeit, sich als Erwachsene unter Erwachsenen zu bewegen, auf den Umstand, dass es bislang dafür keine Notwendigkeit gab. Das heisst: Es wächst eine Generation heran, die in einem Kokon des Wohlbefindens ihre Zeit verbringt, in einer Welt, in der Herausforderungen als unverschämte Zumutungen betrachtet werden, die das sensible Wesen, auf das die Schöpfung so lange warten musste, in seinen Gefühlen verletzen könnten. Imaginäre und reale Triggerwarnungen sichern den Aufenthalt in der Komfortzone ab und sorgen dafür, dass sich ja nicht eines der behüteten Geschöpfe in die Herausforderungszone verirrt. Wir sind in einer Gesellschaft angekommen, in der die eigenen Befindlichkeiten zum Mass des Gebarens geworden sind. Dieses unangetastete Primat der Gefühle lässt die Fakten verkümmern, drängt die Vernunft in eine Statistenrolle und öffnet der Scheinheiligkeit Tür und Tor. Und als Folge davon gebärden sich die Schneeflocken, als sei man ihnen alles schuldig, einfach deshalb, weil sie existieren. Und wehe, sie fühlen sich nicht wahr- oder ernst genommen.

Um in der hysterischen und dauererregten Gesellschaft Beachtung zu finden, bedient man sich der Strategien, die schon den Vorfahren im Umgang mit dem Säbelzahntiger Vorteile verschafft haben: Flucht oder Angriff. Was allerdings in Urzeiten noch zu unterschiedlichen Handlungen geführt hat – auf ihn mit Gebrüll oder auf und davon –, dafür reicht heute ein und dieselbe Aktion: sich heulsusig als Opfer zu inszenieren. Und potenzielle Schuldige, die sich politisch nicht korrekt zu verhalten scheinen, stehen jeden Tag zu Tausenden auf. Der Opferstatus wird zur moralischen Währung. Und wer gerade keine überzeugende Opferrolle einnehmen kann, zeigt überschweifende Empathie mit (vermeintlich) benachteiligten Gruppen in der Erwartung, dass die moralische Überlegenheit der Benachteiligten auf ihn abfärbt. Und so werden – gerade auch im universitären Kontext – irgendwelche Banalitäten auf hanebüchene Weise skandalisiert. Wer es wagt, eine nicht konforme Meinung zu vertreten, wird an den digitalen Pranger gestellt, bis der Posten geräumt ist – wie im Fall des Professoren-Ehepaars aus Yale, das die Verbannung von «potenziell verletzenden» Halloweenkostümen infrage stellte und dafür als rassistisch und kulturell unsensibel gebrandmarkt wurde.

Ständig fühlt sich jemand durch irgendetwas verletzt. Wem der gesunde Menschenverstand noch nicht ganz abhandengekommen ist, der oder die kann nur den Kopf schütteln ob dieser Impertinenz von inszenierter Wehleidigkeit.

Nicht ohne Erstaunen lässt sich immer wieder von neuem zur Kenntnis nehmen, wie viele Leute offensichtlich so wenig zu tun haben, dass sie sich bis in höchste politische Ämter hinein Zeit nehmen können für Lappalien wie das gendergerechte Design von WC-Schildern oder die geschlechtersensible Bezeichnung von Fussgängerstreifen. Dabei lässt sich nicht verbergen, dass sich gerade im pädagogischen und universitären Bereich die Biotope der Weltfremdheit ungehindert ausbreiten. Und die Institutionen unterstützen mit solidarischem Fahnenschwenken die Entwicklungen. Das mündet in eine sozialpsychologische Korruption, von der William Shakespeare wohl sagen würde: «Ist dies schon Wahnsinn, so hat es doch Methode.» Doch offensichtlich wird der Tanz um die politische Korrektheit auch den Universitäten langsam zu bunt. Und wenn es zu bunt wird, muss man Farbe bekennen. Tut er, der Präsident des deutschen Hochschulverbandes, Bernhard Kempen, und beklagt eine massiv gesunkene Sensibilitätsschwelle. Die ständige Erregung gefährde Lehre und Forschung.[1]

---

1   Vitzhum, Thomas: Das Klima der Political Correctness ist bedenklich. Welt. 10.11.17.

Memmen-Alarm

Junge Leute, die alles auf dem Silbertablett serviert erhalten haben und nie mit den unbequemen Realitäten des Lebens konfrontiert worden sind, bevölkern mittlerweile schulische und vor allem berufliche Ausbildungen. Mit einem Mal sind da Leute, die Forderungen an sie richten. Und niemand ist da, der sie hätschelt. Kein Wunder, fühlen sie sich verloren als bedauernswerte Opfer einer bösen Welt, Menschen ausgeliefert, die sich erkühnen, abweichende Meinungen zu haben und sogar Forderungen zu formulieren oder Kritik zu üben. Sie haben nicht gelernt, sich selbst zu helfen, unangenehme Erfahrungen richtig einzuordnen und auch mal ein bisschen etwas auszuhalten. Im Gegenteil: Man hat ihnen beigebracht, dass schon die kleinste Kränkung (wenn die beste Freundin mal mit einem anderen Mädchen lacht, wenn man die Aufmerksamkeit teilen muss, wenn die Lobeshymnen ausbleiben, wenn man auf der Ersatzbank Platz nehmen muss) traumatisierend wirkt. Und so darf es nicht verwundern, dass der Nachwuchs vom Gedanken an sein seelisches Wohlbefinden beherrscht wird. Stress und Frustra-

> WER SICH NICHT MAG, IST FORTWÄHREND BEREIT, SICH DAFÜR ZU RÄCHEN.
> FRIEDRICH NIETZSCHE

Wofür bin ich heute dankbar?
Sich täglich kurz Zeit nehmen und sich überlegen: Wofür bin ich heute dankbar? Das steigert die Lebenszufriedenheit ungemein. Eine solche abendliche Reflexion – zum Beispiel schriftlich in einem Tagebuch – ist eine kleine zeitliche Investition mit nachhaltiger Wirkung. Übrigens: nicht nur bei Kindern.

tion gelten heute nicht mehr als normaler Teil des Erwachsenwerdens, sie werden zunehmend als Quelle psychischer Störungen und Krankheiten gesehen. Die Pathologisierung des Alltages entmündigt und entmutigt Heranwachsende zunehmend. Statt Bewältigungsstrategien zu entwickeln, lernen sie, therapeutische Hilfe in Anspruch zu nehmen, sobald sie sich Herausforderungen und Ansprüchen gegenübergestellt sehen. Deshalb fordern sie mit Erfolg geschützte Räume (panic rooms), um vor verstörenden Ansichten Andersdenkender sicher zu sein, und Räume, wo man mit anderen Sensiblen gemeinsam schreien und weinen kann.

Lehrmittel werden mit Triggerwarnungen versehen. Sie sollen den zart besaiteten Nachwuchs vor Inhalten schützen, die den inneren Frieden gefährden könnten. Überall werden verdeckte Übergriffe geortet, sogenannte Mikroaggressionen – sexistische,

rassistische, imperialistische Übergriffe, Verstösse gegen die
politische Korrektheit, Diskriminierungen jeder erdenklichen Art.
Weil sie «möglicherweise ein negatives Gefühl auslösen können», warnt die Universität Glasgow ihre Theologiestudenten vor
«Bildern von Jesus' Kreuzigung». Die Universität Oxford weist
ihre Jurastudenten vorsorglich auf «verstörenden Inhalt» hin
bei Lektionen, die sexuelle Gewalt betreffen. Veterinärstudenten
werden vor toten Tieren gewarnt. Archäologiestudenten vor
Skeletten. Die schottische Stirling-Universität warnt bei Gen-
der-Studien: «Wir können nicht ausschliessen, dass Sie Material
antreffen, das negative Reaktionen auslösen kann, und bitten
Sie, die nötigen Vorkehrungen zu treffen.»
Hinter jedem Wort und jedem Blick lauert ein versteckter Angriff.
Mikroaggressionen, ein Ausdruck, der eigentlich schon vor ein
paar Jahrzehnten in die Welt gesetzt wurde. Mittlerweile hat er
sich zu einem politischen Kampfbegriff entwickelt, mit dem immer neue (sprachliche) Tabus aufgebaut werden können. Ausser
Acht gelassen wird dabei gerne, dass der Sinn jeder Botschaft
beim Empfänger entsteht. «Honi soit qui mal y pense» ist die
Devise des englischen Hosenbandordens – also der Schlechte
ist der, der Schlechtes denkt.
Der amerikanische Kulturtheoretiker Robert Hughes diagnosti-
zierte und prognostizierte schon vor einem Vierteljahrhundert
eine sich ausbreitende Kultur der Wehleidigkeit. Mit seinen
«Nachrichten aus dem Jammertal»[2] zog er gegen die Verfech-
ter einer unsäglichen politischen Korrektheit ins Feld, die im
Namen der Gleichheit jedes kräftige Wort als Angriff auf ver-
meintliche Opfer deuteten und die unbotmässigen Sprachtäter
mit der Moralkeule unbarmherzig an den Pranger nagelten.
Quelle für diese rechthaberische moralische Überheblichkeit ist
eine Art von Ego-Inflation. «Man erwartet als Individuum von der

---

2   Hughes, Robert: Nachrichten aus dem Jammertal. Wie sich die Amerikaner in
    political correctness verstrickt haben. Kindler. München. 1994.

Gesellschaft und ihren Institutionen eine möglichst makellose Kultivierung des eigenen Selbstwertgefühls und stellt fest, dass die Gesellschaft diesen Erwartungen nicht gerecht wird», stellt Hughes fest. Die Welt wird zur Zumutung, weil sie sich nicht so verhält, wie man das gerne hätte. Und weil die Welt das nicht tut, die böse, fühlt man sich als Opfer all jener Unsensiblen, denen der narzisstische Moralismus am Allerwertesten vorbeigeht. Vor solchen Zumutungen muss man sich schützen. Und diesen Schutz findet man am einfachsten im Jammertal bei anderen Leidtragenden. Da lässt sich die aggressive Wehleidigkeit vorzüglich kultivieren. Und – das ist besonders wichtig – öffentlich zelebrieren. Wir haben es weit gebracht in unserer Gesellschaft, wenn wir solche Probleme haben. Und vor allem: wenn wir solche Probleme auch noch ernst nehmen können. Irgendwie macht es den Eindruck, als animiere das Leben in einer Welt des Wohlstandes dazu, sich künstliche Probleme zu schaffen, um eine edle Aufgabe zu haben, indem man den Nachwuchs vor den ausgedachten Gefahren und Problemen schützen kann.

Angst vor der Angst

Angststörungen entwickeln sich zu einem flächendeckenden Gesundheitsproblem. Sie sind daran, die Depression als Volkskrankheit abzuhängen. Etwa ein Viertel der Jungen und mehr als vierzig Prozent der Mädchen in Amerika klagen über Angststörungen. Eine Folge davon: ein ungehemmter Griff zu Medikamenten. Und ein Grund dafür: eine ängstliche und risikoscheue Gesellschaft, die überall Gefahren und Missbrauch vermutet. In überbehüteten Kindheiten wird jeder erdenkliche Harm von den Sprösslingen ferngehalten. Spielplätze sind gepolstert. Schulwege werden in Hochsicherheitszonen umgewandelt. Messer, Scheren, Nägel und andere gefährliche Gegenstände sind aus dem Einzugsbereich von Heranwachsenden verschwunden.

Kinderreime dürfen keine politisch unkorrekten Wörter enthalten. Der Mohrenkopf darf zwar noch gegessen werden, aber nur als Schokokuss. Wobei «Kuss» vielleicht auch schon übergriffig ist, da ja die Schokolade keine zustimmende eidesstattliche Erklärung unterschreiben konnte.

Im Gegensatz zu Straftätern, die ab und an noch Freigang haben, werden spielende Kinder dauerüberwacht. Es könnte ja sein, dass ein anderes Kind sich die biologisch-dynamische Holzschaufel ausleiht – ohne zu fragen. Da muss man als treu besorgte Eltern sofort eingreifen, um mögliche depressive Verstimmungen beim Kind zu verhindern. Und sicherheitshalber kann man ihm noch ein pflanzliches Beruhigungsmittel verabreichen. Viel bewundernde Aufmerksamkeit muss dem Kind auch für seine schulischen Aktivitäten zuteilwerden. Mit seinem Begabungspotenzial ist es zu Höherem berufen. Die Zeiten, in denen

Wenn Kinder vor lauter Förderung nicht mehr zum Lernen kommen.

jedes Kind im Verdacht stand, hochbegabt zu sein, sind zwar ein bisschen vorbei. Das tut dem – schon frühkindlichen – Förderwahn aber keinen Abbruch. Der Nachhilfemarkt boomt. Jährlich etwa vier Milliarden Euro werden allein in Deutschland dafür ausgegeben, dass der Nachwuchs mit standesgemässen Noten aufwarten kann. Und wenn das aller flankierenden Massnahmen zum Trotz nicht gelingen sollte, stehen heutzutage viele Diagnosen zur Verfügung, mit denen sich die Differenz zwischen Wunsch und Wirklichkeit gut begründen lässt.

Die Faustregel (wobei «Faust» in diesem Zusammenhang womöglich das falsche Wort ist) heisst: das Kind von jeder Gelegenheit fernhalten, Frustrationen erleben zu müssen. Diese fürsorgliche Belagerung hat vor allem eine Wirkung: Sie öffnet der dünnhäutigen Empfindlichkeit Tür und Tor.

Ängste gehören zum menschlichen Leben. Sie können als natürliche Reaktion auf Bedrohungen und Gefahren lebensrettend sein, zum Beispiel, wenn ein mächtiger Säbelzahntiger um die Ecke kommt. Angst kann aber auch in säbelzahntigerlosen Situationen auftreten, die Handlungsspielräume einengen, ausser Kontrolle geraten und sich zur psychischen Störung entwickeln. Den hyperventilierenden Massenmedien kommt dabei eine verstärkende Wirkung zu. Sie halten als reisserische Angstbeschwörer die Menschen in permanenter Alarmbereitschaft. Ein Hype jagt den nächsten, eine Seuche löst die andere ab, eine Drohung wird durch die nächste getoppt. Das politische und publizistische Geschäft mit der Angst und der moralischen Manipulation schürt diffuse Bedrohungsempfindungen und macht Menschen ratlos und rastlos. Die Angst selbst ist dabei häufig gefährlicher als das, wovor man sich eigentlich fürchtet. Und: Angst hat nicht einfach nur eine klinische, sie hat immer mehr auch eine soziologische Dimension, jene einer hysterischen und sich ständig verletzt fühlenden Gesellschaft, in der die Menschen ihre Empfindlichkeiten in orchestrierter Empörung bewirtschaften und sich gleichzeitig die Mimose zum

Vorbild nehmen. Diese Pflanze reagiert auf bestimmte äussere Einflüsse, indem sie sich quasi von der Welt verabschiedet und ihre Blätter einklappt. Daher kommen auch der englische Name «touch-me-not» oder die Bezeichnung «mimosenhaft». Es erinnert ein bisschen an die kleinen Kinder, die die Hände vor die Augen legen, um nicht gesehen zu werden.

Infantilisierung der Gesellschaft

Einerseits werden Kinder heute schon im Vorschulalter mit Mord, Totschlag und Pornografie bombardiert. Sie haben fortwährend Bilder vor Augen, die in keiner Weise dem seelischen Entwicklungsstand angepasst sind. Auf der anderen Seite verhalten sich Fünfzigjährige wie Teenager und verlängern ihre Pubertät bis an die Grenze des Rentenalters – oder darüber hinaus. Sie übernehmen kindische Jugendattitüden – zum Beispiel die Art und Weise, sich zu begrüssen. Sie kleiden sich schriller als die Halbwüchsigen, als jene also, die sich eigentlich von der Erwachsenenwelt abgrenzen wollten. Die Welt der Kinder und jene der Erwachsenen fliessen ineinander, Grenzen werden aufgehoben. Zunehmend erweisen sich Erwachsene, von denen Mündigkeit sollte erwartet werden können, als immer weniger fähig oder willens, Verantwortung zu übernehmen und damit auch Hierarchien zu bilden. Es gibt jedoch durchaus gute und sinnvolle Gründe, Kinder und Jugendliche als solche zu behandeln und sie sich auch entsprechend verhalten zu lassen. Stattdessen entwickelt sich eine Gesellschaft von Halberwachsenen. Was Wunder, dass Jugendliche weder Antrieb verspüren noch eine Notwendigkeit erkennen können, ihre Kuschelzone zu verlassen. Die Alten kommen ihnen ja schnurstracks entgegen.

Die grassierende Infantilisierung hat unter anderem zur Folge, dass die Bereitschaft, Verantwortung zu übernehmen, rapide

schrumpft. Es ist nachgerade selbstverständlich, wichtigtue-
risch auf seine Rechte zu pochen, wenn es aber um Pflichten
geht, überlässt man das Feld gerne anderen. Es ist völlig legitim
geworden, die eigenen Bedürfnisse und vor allem die eigenen
Befindlichkeiten über alles andere zu stellen. Und so trifft man
sich dann in einer egomanischen Gesellschaft, in der jeder Auf-
schub von konsumierbaren Glücksmomenten als persönliche
Kränkung aufgefasst wird. Jedes Hindernis im Alltag erscheint
als Sabotage an der Selbstverwirklichung. Und wenn die Welt
sich partout nicht wie ein Ponyhof präsentieren will, dann ist
nicht etwa das Bild falsch, das man sich gemacht hat, sondern
die Welt. Das stresst dann – mega sogar.

Stress, lass ja nicht nach

Dass die Menschen hierzulande sich erschöpft und unter Druck
fühlen, das hat sich in den letzten zwei Jahrzehnten von der
Ausnahme zur Regel entwickelt. Stress und Burnout haben
den Mantel des Persönlichen abgestreift und sich als Kultur-
merkmale etabliert. Ähnlich wie man möglichst viele Leute im
öffentlichen Raum an seinen persönlichen Telefongesprächen
teilhaben lässt, ist es auch ein Kennzeichen des Zeitgeistes geworden, seine Kraftlosigkeit öffentlich zu zelebrieren. Die Zahl
der bekennenden Burnouter nimmt entsprechend rasant zu. Und
im Windschatten dieser Dynamik erblüht eine regelrechte Burn-
out-Industrie. Hunderte von Ratgebern stehen in den Sortimen-
ten der Buchhandlungen bereit, der Therapiemarkt verzeichnet
schwindelerregende Zuwachsraten, und die Medikamentenher-
steller können sich ebenfalls zufrieden die Hände reiben.
Stress und Burnout sind zu Modekrankheiten avanciert. Sie sind
nicht nur gesellschaftsfähig geworden, sie haben sogar eine
gewisse Anziehungskraft. Mindestens ein bisschen Stress und
Burnout gehören zum guten Ton. Es verhält sich ähnlich wie mit

anderen Modeströmungen. So haben sich beispielsweise früher nur Seeleute tätowieren lassen. Heute laufen die Menschen als lebendige Poesiealben durch die Gegend. Tattoos hat man halt. Und Burnout hat halt auch Konjunktur. Entsprechend verschiebt sich allein schon quantitativ die Grenze zwischen «echt» und «gefühlt» zunehmend in Richtung Jammertal.

Was dabei besonders auffällt: Der schillernde Begriff Burnout steht nun auch schon für Kinder im Sortiment. Äussere Hektik wechselt sich ab mit innerer Leere vor dem Bildschirm. Das kann auf Dauer nicht gut gehen. Entsprechend sind die Kinderkrankheiten um eine erweitert worden: eben Burnout. Der Nachwuchs kommt mit den Anforderungen des Alltags immer weniger zurecht. Fast die Hälfte der Schweizer Jugendlichen im Alter zwischen 15 und 21 Jahren gibt an, permanent gestresst zu sein: in der Schule, an der Uni, am Arbeitsplatz, im Elternhaus, in der Beziehung. Zwei Drittel schaffen die Hausaufgaben

Anforderungen steigen

subjektiv wahrgenommene Belastungsvermutung

Umweltmarketing – wie schwierig alles ist

STRESSPOTENZIAL

Bereitschaft und Fähigkeit, vermutete Erwartungen zu erfüllen

Bereitschaft sinkt

Saturierte Gesellschaft – Wehleidigkeit

nur mithilfe der Eltern. Zwei Drittel! Gleichzeitig schaffen sie es
aber locker, durchschnittlich mehrere Stunden pro Tag vor Bildschirmen die Zeit totzuschlagen, indem man Candys anordnet
oder sich damit beschäftigt, wer welche Meinung zu welcher
Meinung von wem hat. Irgendetwas stimmt da nicht, wenn
Kinderärzte sich mittlerweile auf Burnout spezialisieren statt auf
Masern und Röteln.

Nun ist es ja naheliegend, die gefühlte Überlastung auf einen
Anstieg der Belastungen zurückzuführen. Kinder, Jugendliche
und junge Erwachsene werden, so der Meinungsmainstream,
mit immer höheren Ansprüchen konfrontiert, sind immer mehr
gefordert. Das kann man so sehen. Und natürlich gibt es über-
lastete und erschöpfte Kinder. Doch der Zeitgeist führt die Regie,
wenn aus der gefühlten Erschöpfung des Nachwuchses einfach
eine neue Krankheitsdiagnose gestrickt und die Lösung des
Problems elegant den Ärzten zugeschoben wird.

Wir klagen über Beschwerden, die wir früher ertragen haben.
Das hat mit der «wachsenden Penetranz sinkender Restgrös-
sen» zu tun. Auf gut Deutsch: Geht es uns besser, spüren wir
verbleibende Mängel umso schmerzlicher. Die Empfindung von
Stress und Überforderung resultiert aus der Differenz zwischen
(gefühlter) Anforderung und der Fähigkeit, damit umgehen
zu können beziehungsweise dem Gefühl, den Anforderungen
gewachsen zu sein. Hier Anforderung, da Fähigkeiten – und je
grösser die Differenz, desto tiefer das Tal der Tränen.

Das heisst: Die Anforderungen machen nur einen Teil der Glei-
chung aus. Auf der anderen Seite stehen die Fähigkeiten und
Ressourcen. Das heisst weiter: Es könnte auch sein, dass nicht
die Anforderungen gestiegen, sondern die Fähigkeiten gesunken
sind. Am Stresspotenzial ändert sich damit nichts, wohl aber an
der Ursachenzuschreibung. Nicht die Gesellschaft oder wer auch
immer ist dann zuständig für Stress und Burnout. Es braucht
nicht den Arzt. Ein Blick in den Spiegel reicht. Es geht nicht
darum, aus dem Jammertal heraus über die Anforderungen zu

Die Wirkung guter Gefühle als Folge eigener Leistungen
Körperliche Stresssymptome im Vergleich

Prozent der Jugendlichen, bei denen die genannten Stresssymptome mehrmals auftreten

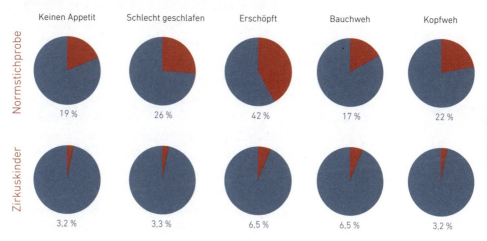

	Keinen Appetit	Schlecht geschlafen	Erschöpft	Bauchweh	Kopfweh
Normstichprobe	19 %	26 %	42 %	17 %	22 %
Zirkuskinder	3,2 %	3,3 %	6,5 %	6,5 %	3,2 %

lamentieren. Im Gegenteil: Menschen lernen, was sie tun. Und wenn sie klagen, dann lernen sie eben zu klagen. Und je mehr sie das tun, desto glaubhafter können sie es – für sich und für andere.

Deutlich wirkungsvoller ist es, die Fähigkeiten zu stärken, Kinder zu fitten und zu robusten Menschen zu erziehen, die nicht gleich in eine Depression fallen, wenn ihnen im Sandkasten jemand das Förmchen abluchst. Diese Widerstandsfähigkeit erwirbt man sich durch ein aktives Leben. Denn schonen schadet. Beispiel gefällig? Bei Jugendlichen wurden körperliche Stresssymtome erhoben. In der Normalstichprobe, also bei jenen Jugendlichen, die in der Art und Weise, wie sie leben, etwa dem Durchschnitt entsprachen, zeigten sich in Bezug auf Appetitlosigkeit, Schlafprobleme, Erschöpfungszustände und körperliche Schmerzen relativ hohe Prozentwerte (s. Grafik Seite 109). So gab beispielsweise fast die Hälfte der Kinder an, sich häufig erschöpft zu fühlen.

Die gleiche Erhebung wurde durchgeführt bei Jugendlichen derselben Altersstufe, die aber an einem Zirkusprojekt teilnahmen.
Das heisst: Diese Jugendlichen waren ungleich mehr belastet
als die anderen. Über eine längere Zeit stellten sie ihre Freizeit
in den Dienst des Projektes. Sie investierten eine Menge Zeit,
um ihre Nummern einzustudieren und einzuüben. Und obschon
sie hart trainierten, kaum mehr Zeit hatten für anderes, ging es
ihnen gesundheitlich wesentlich besser. Die Unterschiede sind
eindrücklich. Beängstigend eindrücklich.

Druck, Stress, Überlastung. Das sind die gängigen Schlüsselbe-
griffe, wenn über Schule und Arbeit gesprochen oder geschrieben wird. Ganze Völkerstämme scheinen kurz vor dem Kollaps
zu stehen. Unter dem Joch unmenschlicher Leistungserwar-
tungen, so das zeitgeistige Denkmuster, wird das lernende und
arbeitende Volk ins kollektive Burnout getrieben. Stimmt das,
sind wir eine Generation von Gebeutelten? Eine deutsche Studie[3]
und die Erhebungen der Bundesanstalt für Arbeitsschutz und
Arbeitsmedizin weisen in eine komplett andere Richtung. Mehr
als die Hälfte der Beschäftigten ist demnach chronisch gelangweilt. Die quälend langen Stunden bis zum Feierabend schadlos
über die Runden zu bringen, das wird zur Kernaufgabe. Doch
das geht auf Dauer ans Eingemachte. Pathogene Langeweile heisst in der Fachsprache der leistungsfreie Aufenthalt in
beruflichen oder schulischen Unterforderungsveranstaltungen.
Nichts Gescheites zu tun zu haben, das verursacht Stress. Und
es kann sogar deutlich stärkere Erschöpfungsgefühle verur-
sachen als ein Tag, der mit Arbeit bis oben hin vollgestopft ist.
Boreout-Syndrom heisst die Diagnose, wenn die Betroffenen
sich mit angezogener Handbremse freudlos durch den Tag
schleppen, sich kaum je selbstwirksam und kompetent erleben,
immer kraft- und saftloser werden und mit der Zeit in die Nega-
tivspirale der Antriebslosigkeit geraten. Also nicht ein Zuviel an

---

3   Fründt, Steffen: Gähnende Leere. Welt am Sonntag. 05.11.2017.

Herausforderung ist das Problem, sondern ein Zuwenig. Aus-
gelangweilt, wie man ist, erfolgt die Kompensation dann häufig
im Transport geistigen Leergutes durch die
sozialen Netzwerke. Und das ist auch
nicht gerade das, was dazu beiträgt,
auf sich stolz sein zu können.

Und wenn man sich nun den Tages-
ablauf eines durchschnittlichen
Schulkindes vor Augen führt, wird
man womöglich auf die Idee kommen,
dass es gelangweilten, schlaffen Heranwachsenden kaum besser gehen wird als gelangweilten, schlaffen Ausgewachsenen.

Ein bisschen Vintage

Vielleicht gibt es Eltern, die sich vom Erziehungsziel leiten lassen: «Unser Kind muss vor allem in der Lage sein, unser Vermö-
gen nach Strich und Faden zu verjubeln.» Oder andere vielleicht,
die sich sagen: «Unser Kind soll es schaffen, den lieben langen
Tag vor der Glotze oder in der Kneipe zu verbringen und dem
Sozialamt auf der Tasche zu liegen.» Es ist zwar nicht anzunehmen, dass es sie gibt, falls doch, werden sie an wenigen Händen
abzuzählen sein.

Die allermeisten Erziehungsbemühungen orientieren sich eher
an der Vorstellung, dass die Kinder in der Lage sein sollen, ein
«gutes», ein gelingendes, ein letztlich glückliches Leben zu
führen, in einem spannenden Beruf tätig zu sein, stabile und förderliche Beziehungen zu unterhalten und wirtschaftlich einigermassen Spielraum zu haben.

Das klingt nicht sonderlich spektakulär, eher ein bisschen
bünzlig, aber es ist immerhin ein Ausgangspunkt, von dem aus
der Gestaltungsraum sich in alle Richtungen beliebig erweitern
lässt. Und da hat die Welt einiges im Angebot. Allerdings: Der

Schongang ist dafür das falsche Programm.

Weitaus erfolgversprechender, als Anstrengungen auszuweichen, ist es, sich auf ein herausforderndes Unterfangen namens
«Leben» einzulassen. Um auf diesem Weg einigermassen
unbeschwert unterwegs sein zu können und zu wollen, muss
man fit sein.[4] Zum Begriff «fit» finden sich etwa 130 Synonyme.
Und alle sind positiv konnotiert. Sich fit zu fühlen, scheint also
etwas durchaus Erstrebenswertes zu sein. Fit sein, das steht mit
einem positiven Lebensgefühl in Verbindung. Und das findet halt
ausserhalb der Komfortzone statt.

Sich rundum fit fühlen, was das braucht und was es bedeutet,
das lässt sich mit Begriffen beschreiben, die vom Zeitgeist auf
den Dachboden verbannt worden sind. Entsprechend klingen
sie etwas verstaubt, antiquiert. Ein bisschen nach Vintage halt.
Fleiss, Selbstdisziplin, Dankbarkeit, Anstand, Rücksicht – die
Liste ist unvollständig. Es sind Begriffe, die im weichgespülten
Befindlichkeitskult zu emotionalen Schluckbeschwerden führen
können, so unmodern und unverblümt, wie sie daherkommen.
Allerdings: Modern sein heisst nicht, atemlos jedem hippen Furz
nachzujagen. Das ist möglicherweise mitunter lustig, aber sicher
nicht besonders schlau. Und modern schon gar nicht. Modern
und zukunftsorientiert ist es dann, wenn es den aktuellen und
zukünftigen Bedürfnissen so weit als möglich gerecht wird –
auch wenn das vielleicht anmutet wie Tugenden aus der Motten-
kiste. Trotzdem – oder gerade deswegen: Ein bisschen Vintage
kann nicht schaden. Denn das führt zurück, zurück zu tauglichen
Antworten auf die Frage: Was ist es denn, das aus Kindern junge
Menschen formt, die sich und ihr Leben im Griff haben? Und
auch wenn die Antworten nicht im zeitgeistigen Mainstream mit-
schwimmen, sind sie deswegen noch lange nicht falsch.

---

4   Müller, Andreas: «zwäg». Worauf es (in der Schule) wirklich ankommt. hep
     verlag. Bern. 2017.

Was ist beispielsweise falsch daran, wenn Kinder lernen, **fleissig** zu sein, sich anzustrengen, durchzuhalten? Da spricht doch eigentlich nichts dagegen. Es spricht sogar einiges dafür. Menschen, die zu Hause, in der Schule oder bei der Arbeit mehr leisten als das, was gerade so verlangt wird, tun nicht nur anderen einen Gefallen, sondern zuerst und vor allem auch sich selber. Wer sich einfach mal an die Arbeit macht, statt sich zu drücken und ewige Diskussionen vom Zaun zu brechen, wer die Ärmel hochkrempelt statt lamentierend einen grossen Bogen zu machen um alles herum, was auch nur im entferntesten nach Arbeit und Anstrengung riecht, wird sich mit hoher Wahrscheinlichkeit auch zufriedener erleben. Und wohl auch immer ein bisschen stolz. Mit Stolz wird das Gefühl von Selbstwirksamkeit und Selbstwert in Bezug auf erbrachte Leistungen und demonstrierte Fähigkeiten zum Ausdruck gebracht. Eine solche «gesunde» Form von Stolz wirkt sich positiv aus auf den sozia-

len Status in einer Gruppe, auf die Attraktivität einer Person in einem sozialen Gefüge. Die guten Gefühle mit sich selbst helfen, Widerstandsressourcen zu aktivieren. Das heisst: Wer aus «gutem» Grund stolz ist auf seine Leistungen, wird mit höherer Wahrscheinlichkeit Aufgaben auch dann zu Ende führen, wenn sie gerade mal nicht so spannend sind, unter widrigen Umständen, wenn ver-lockende Alternativen sich anbieten. Wer in unverkrampfter Weise fleis-sig ist, fähig und willens, sich in den Hintern zu beissen, wird sich von den Hindernissen nicht sonderlich beein-

DIE EIGENE ZUVERLÄSSIGKEIT LERNT MAN ERST SCHÄTZEN, WENN MAN SICH AUF ANDERE VERLASSEN MUSS.
MARIANO RUMOR

drucken lassen. Widerstände und Konflikte lassen sich nicht vermeiden, Konflikte mit sich, mit andern und mit dem, was man zu tun hat. Und dabei gilt der Grundsatz: Der Lösung ist es egal, wie das Problem entstanden ist. In Lösungen denken und handeln, das können bereits Kinder und Jugendliche. Das Ein-zige, was man tun muss: sich nicht fragen, was das Problem ist, sondern was es braucht, um zu einer Lösung zu kommen. Diese veränderte Blickrichtung erweist sich als äussert hilfreich im Umgang mit Frustrationen. Wenn es nicht so läuft, wie man es gerne hätte, hilft es nämlich gar nichts, entnervt den Hammer wegzuschmeissen oder die beleidigte Leberwurst zu spielen. Was hilft, ist: noch einmal anfangen, andere Wege finden, Unter-stützung holen, mit Überzeugung und Zuversicht an die Sache herangehen, gedanklich zurückgreifen auf ähnliche Situationen, die man erfolgreich gemeistert hat.

Was ist falsch, wenn Kinder lernen, **zuverlässig** zu sein, sich an Vereinbarungen zu halten? Da spricht doch eigentlich nichts dagegen. Aber es spricht viel dafür. Bei den Hunderten von «Freunden» auf den sozialen Netzwerken der Unverbindlichkeit spielen solche Tugenden natürlich keine Rolle, klar. Wer online ist, lügt deutlich häufiger. Aber ausserhalb, dort, wo es um etwas geht, mag man Menschen, auf die man sich verlassen kann. Oberflächliche Angeber, die sich an nichts halten, das sind nicht die Freunde, die einen weiterbringen. Und das sind nicht die Kollegen, mit denen man gerne zusammenarbeiten mag. Menschen, die Abmachungen nicht einhalten, denen kauft man mit der Zeit nichts mehr ab, nicht einmal ihre Ausreden. Man rechnet eben nicht gerne mit Menschen, auf die man nicht zählen kann. Das bedeutet: Wer Dinge verspricht und sie nicht hält, wird auf Dauer weder privat noch beruflich glücklich werden. Und um das ginge es doch eigentlich. Deshalb: Zuverlässigkeit ist ein hohes Gut. Wer von seinen Freunden und Bekannten als zuverlässig eingeschätzt wird, geniesst meist ein hohes Ansehen und das Vertrauen seiner Mitmenschen. Wer zuverlässig ist, dem traut man eben. Und das macht sich bezahlt, in vielerlei Hinsicht.

Was ist falsch, wenn Kinder lernen, **höflich** zu sein, freundlich und anständig, wenn sie lernen «bitte» zu sagen und «danke»? Da spricht nicht wirklich etwas dagegen. Aber es spricht sehr viel dafür. Drei Viertel der erwachsenen Bevölkerung Deutschlands machten sich in einer Umfrage dafür stark, in der Schule

THE DIFFERENCE BETWEEN HAPPY PEOPLE AND UNHAPPY PEOPLE IS THEIR LEVEL OF GRATITUDE.

das Fach «Anstand» einzuführen. Sie orten offensichtlich erhöhten Handlungsbedarf. Und sie messen einem anständigen Verhalten der Sprösslinge eine hohe Relevanz zu. Das ist einerseits nicht selbstverständlich in einer Welt, in der auf allen medialen Kanälen die untersten Schubladen sperrangelweit geöffnet werden. Und es ist andrerseits aber trotzdem nicht erstaunlich, da ganz elementare Regeln des Respektes und der Rücksichtnahme mit impertinenter Selbstverständlichkeit ausser Kraft gesetzt werden – nicht nur von jungen Menschen übrigens.

Wer noch weiss, was Anstand ist, wünscht sich genau das. Ein Verhalten, das getragen wird von einer gewissen Sorgfalt gegenüber Menschen und Dingen. Das kann sich in unterschiedlichen Formen und Ausprägungen äussern. Eine davon ist: teilen können. Aufmerksamkeit beispielsweise. Auch wenn Zurückhaltung keineswegs das ist, was den gegenwärtigen sozialen Umgang kennzeichnet, ist es nicht nötig, sich immer und überall in den Vordergrund zu drängen. Im Gegenteil: Dort, wo Sein wichtiger ist als Schein, geht den menschlichen Megafonen in der Regel schnell einmal die Luft aus. Zurückhaltung äussert sich auch in der Fähigkeit und der Bereitschaft, verzichten zu können, nicht jedem Hype hinterherhecheln zu müssen, sich aus der Abhängigkeit des Habenmüssens zu befreien.

Eine ähnlich befreiende Wirkung kommt der Dankbarkeit zu, der Dankbarkeit in einer durchaus aufgeschlossenen Form. Kinder und Jugendliche geniessen heutzutage jede Menge Privilegien. Und es muss ihnen bewusst sein: Heh, hallo, das ist nicht selbstverständlich! Sich dessen bewusst zu sein, das macht junge Menschen auch etwas bescheidener – etwas, das übrigens auch vielen Erwachsenen mitunter nicht schaden könnte. Wer sich beispielsweise jeden Abend fünf Minuten Zeit nimmt, um sich eine Antwort zu geben auf die Frage «Wofür bin ich heute dankbar?», steigert in relativ kurzer Zeit seine Lebenszufriedenheit beträchtlich. Also, wohlan denn.

6

Das Frosch-Prinzip.

Oder:

Die Rückkehr

der Erziehung.

Staus und verstopfte Strassen, das gab es schon früher. Wenn die Pendler sich auf den Weg machten, schafften es immer wieder die gleichen Orte zu radiophoner Berühmtheit, Orte halt, die kannte, wer Verkehrsnachrichten hörte. Nun, mittlerweile sind es nicht mehr einzelne Orte, sondern ganze Strecken. «Staus auf mehreren Abschnitten», wird der ganz normale Wahnsinn auf den Strassen sprachlich verharmlost. Über dreissig Stunden steht der durchschnittliche Schweizer pro Jahr im Stau. Das addiert sich zu halben Ewigkeiten. Und jedes Jahr sind es fünf bis sechs Prozent mehr. Das geht ins Geld: Über anderthalb Milliarden kostet der Spass, der keiner ist.

Diese Entwicklung ist nicht von heute auf morgen passiert. Immer ein bisschen mehr Autos auf immer ein bisschen längeren Abschnitten über eine immer ein bisschen längere Zeit. Und irgendeinmal steht man im Stau, hört die Radiostimme feixend verkünden «Heute ist wieder ganz schön was los auf den Strassen» und ertappt sich beim unguten Gefühl, dass das so nicht weitergehen kann.

Dieses Phänomen der allmählichen, schleichenden Veränderung hat einen Namen: Frosch-Prinzip. Die Parabel dazu dreht sich um die Frage: Was passiert, wenn man einen Frosch in einen Topf mit kochendem Wasser schmeisst? Die Antwort: Er springt raus – und zwar wie von der Tarantel gestochen.

Und was passiert, wenn man den Frosch in einen Topf mit wohlig warmem Wasser setzt? Antwort: Er macht es sich gemütlich. Und was passiert, wenn man den Topf auf eine Kochplatte stellt und das Wasser immer wärmer werden lässt? Der Frosch sieht keinen Grund, sich Sorgen zu machen. Als wechselwarme Kreatur passt er seine eigene Körpertemperatur dem immer heisser werdenden Wasser an. In dieser wohligen Situation entgeht ihm, was um ihn herum passiert. Unmerklich, aber kontinuierlich. Die Temperatur steigt – ein bisschen und noch ein bisschen und noch ein bisschen. Und mit einem Mal ist es zu spät. Der Frosch

Spring, solange du noch die Kraft dazu hast!

hat zu lange gewartet. Er hat es verpasst, sich zu retten, solange es noch Zeit war. Er bezahlt es mit seinem Leben. Gekocht. Und die Moral von der Geschicht: Verpass den Moment des Handelns nicht!

Das Leben ist geprägt von solchen allmählichen Entwicklungen. Kinder wachsen, und den Eltern fällt es erst auf, wenn die Hosen zu kurz sind. Irgendeinmal hat man beim Blick in den Spiegel das Gefühl, es sei an der Zeit, die Haare zu schneiden. Und wenn sich der Blick trübt, ist es Zeit, wieder einmal die Fenster zu putzen oder die Brillengläser. Veränderungsprozesse verlaufen meist unmerklich, hier ein bisschen, da ein bisschen, unauffällig, schleichend.

Zerfallserscheinungen an Gebäuden zum Beispiel vollziehen sich in solcher Weise. Hier fehlt eine Schraube, da funktioniert der Lichtschalter nicht mehr, dort bleibt ein Fleck ungereinigt. Für sich genommen sind das alles Kinkerlitzchen, nicht der Rede wert. Aber in der Summe und auf Dauer geht es an die Substanz. Im wahrsten Sinne des Wortes. Und irgendeinmal lässt sich die materielle Agonie nicht mehr kaschieren.

Das ist nicht alles: Werte, Haltungen und Verhaltensweisen unterliegen auf ihre Weise ebenfalls dem Prinzip des schleichenden, sich der unmittelbaren Aufmerksamkeit entziehenden Wandels. Das heisst: Eltern kann es ähnlich gehen wie dem

Wahrgenommene Erziehungsprobleme
Es halten für weit verbreitete Probleme (Angaben in %):

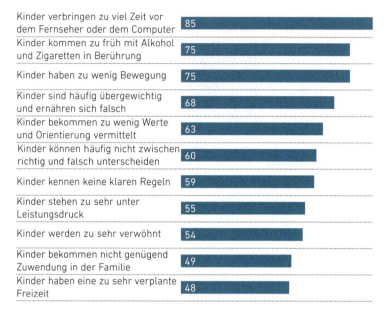

Kinder verbringen zu viel Zeit vor dem Fernseher oder dem Computer	85
Kinder kommen zu früh mit Alkohol und Zigaretten in Berührung	75
Kinder haben zu wenig Bewegung	75
Kinder sind häufig übergewichtig und ernähren sich falsch	68
Kinder bekommen zu wenig Werte und Orientierung vermittelt	63
Kinder können häufig nicht zwischen richtig und falsch unterscheiden	60
Kinder kennen keine klaren Regeln	59
Kinder stehen zu sehr unter Leistungsdruck	55
Kinder werden zu sehr verwöhnt	54
Kinder bekommen nicht genügend Zuwendung in der Familie	49
Kinder haben eine zu sehr verplante Freizeit	48

Frosch. Denn auch Lebensbedingungen wandeln sich üblicher-
weise nicht Knall auf Fall. Aber sie tun es. Sie verändern sich.
Unmerklich. Unaufhaltsam. Mit ihnen verändern sich die Menschen. Und zu irgendeinem Zeitpunkt merkt man: So geht es
nicht weiter. Die gewohnten Muster taugen nicht mehr. Kinder
zeigen Verhaltensweisen, die dem zuwiderlaufen, was man ge-
meinhin als «gute und gesunde Entwicklung» charakterisieren
könnte. Und dann steht man da, individuell und als Gesellschaft,
und kommt nicht um die Feststellung herum: Irgendetwas läuft
da schief. Wenn der überwiegende Teil einer Bevölkerung sich
eingestehen muss, dass Kinder zu viel Zeit vor Bildschirmen
verbringen, zu früh mit Suchtmitteln in Kontakt kommen und
sich zu wenig bewegen (s. Grafik) – dann ist augenscheinlich
etwas schiefgelaufen.

Gesellschaftliche und persönliche Entwicklungen folgen häufig und gerne diesem Muster einer schleichenden Veränderung. Sie bergen damit das Risiko, vom Leben «abgekocht» zu werden. Das gilt auch für Erziehung und Sozialisation – zum Beispiel, wenn das Kind immer selbstverständlicher seinen Kopf durchsetzt, wenn Eltern sich immer wieder zur Schadensbegrenzung veranlasst sehen, wenn faule Ausreden und Kompromisse den Alltag bestimmen.

Um dem unangenehmen Gefühl zu entgehen, in der Erziehung zu versagen, die Sprösslinge und ihre Entwicklung nicht im Griff zu haben – da lassen sich im Grunde genommen vier unterschiedliche Strategien anwenden. Man kann sie unterscheiden, aber nicht immer voneinander abgrenzen.

normativ
Entwicklungen werden als «normal» betrachtet, Aber die Normen verschoben. Aus «falsch» wird «richtig».

passiv
Entwicklungen werden als problematisch wahrgenommen. Man findet aber Gründe, um nichts tun zu müssen.

reaktiv
Entwicklungen führen zur Erkenntnis: Jetzt muss etwas geschehen. Man reagiert auf die einzelnen Phänomene.

proaktiv
Entwicklungen führen zur Erkenntnis, dass längerfristig etwas Grundlegendes geschehen muss.

normativ

Ob in der Erziehung etwas schiefgelaufen ist oder nicht, darüber kann man durchaus unterschiedlicher Meinung sein. Es hängt in erster Linie von der Betrachtungsweise ab, von der Bezugsnorm. Denn: Verschieben sich die Massstäbe, verändern sich die Bewertungen. Wenn beispielsweise aus heutiger Sicht bestimmte Körpermasse im Vergleich zu anderen als «normal» betrachtet werden, ist das lediglich eine Art gesellschaftliche Konvention. Es gab ja schliesslich schon Zeiten, da galten üppigere und fülligere Figuren als modisches Kalibrierungsschema. Und in diese Richtung sind wir nun wieder unterwegs. Speck wird frischlufttauglich, er muss nicht unter weiten Kleidern kaschiert werden. Also, warum sich Disziplin auferlegen am Kuchenbuffet? Warum sich draussen bewegen, wenn es «normal» ist, drin vor dem Bildschirm zu sitzen? Gesellschaftliche Werteverschiebungen legitimieren und fördern schädliche Verhaltensweisen, indem sie zunehmend als «normal» wahrgenommen werden. Das bezieht sich logischerweise nicht nur auf körperliche Merkmale. Es geht generell um gesellschaftliche Strömungen, die sich in der Haltung und im Verhalten der Individuen zeigen. Je nach Massstäben, die man heranzieht, wird man zu unterschiedlichen Interpretationen gelangen. Der exzessive Medienkonsum beispielsweise ist für viele, vor allem jüngere Menschen keinen Gedanken wert. Und für sie ist denn auch die Erziehung nicht aus

DER WEG DES GERINGSTEN WIDERSTANDES FÜHRT IMMER BERGAB.

dem Ruder gelaufen. Jene 85 Prozent der Erwachsenen (s. Grafik Seite 122), die der Meinung sind, Kinder versumpften zu oft und zu lange am Computer, gehen einfach von veralteten Vorstellungen aus. Und wer sich auf den Standpunkt stellt, der überdosierte erzieherische Weichspüler führe dazu, dass junge Menschen immer weniger belastbar seien, hat einfach die Mutation zur Schneeflocke noch nicht vollzogen. Aus dieser Perspektive sind wir gesellschaftlich auf Kurs. Probleme bereiten lediglich die vielen Ewiggestrigen, die noch nicht in der neuen Welt angekommen sind. Eine solche Betrachtungsweise ist ein Versprechen an die Bequemlichkeit. Es ist nicht nötig, sich anzustrengen und etwas zu leisten. Man kann bloss das Anspruchsniveau senken. Beziehungsweise: Das muss gar nicht gesenkt werden. Das macht sich von alleine auf den Weg in den Keller, wenn man es nicht aufhält. Es reicht vollkommen, weniger zu erwarten – von sich und von anderen. Und schnell einmal wird just das zur Normalität. Vor einigen Jahrzehnten war der Samstag ein normaler Schul- und Arbeitstag. Dann nur noch jeder zweite Samstag. Dann nur noch jeder zweite Samstagmorgen. Dann gar nicht mehr. Und heute wird bereits der Freitag beim Wort genommen. Nur Masochisten terminieren mittlerweile noch Meetings auf den Freitagnachmittag.

Aus der Memmenlogik ist es unfair, Leistung zu erwarten, nicht jede kleinste Handreichung mit Begeisterungsstürmen zu quittieren. Und mit der zunehmenden Verbreitung dieser Spezies zeigt der Anspruch an menschliches Verhalten die Tendenz, sich nach unten zu orientieren. Dem Frieden, den Umständen, der Einfachheit oder was auch immer zuliebe hindern wir die Bequemlichkeit nicht daran, zur Normalität zu werden.

Wenn sich Normen verschieben, wird nicht als Problem wahrgenommen, was vorher eines war. Wer allerdings erkennt, dass bestimmte Entwicklungen im Verhalten seines Sprösslings nicht eben förderlich sind, kommt in Zugzwang. Wer sich des Gefühls nicht erwehren kann, dass es vielleicht doch nicht so gut sei, wenn Tochter oder Sohn sich zu nachtaktiven Geschöpfen entwickelten, gerät über kurz oder lang in einen Konflikt – mit sich oder mit dem Nachwuchs. Wer der Meinung ist, zuerst müssten eigentlich ein paar Sachen für die Schule erledigt werden, bevor die Playstation in Betrieb genommen wird, sieht sich vor Herausforderungen gestellt. «Zugzwang», «Konflikt», «Herausforderung», das sind nun wahrlich nicht Begriffe, bei denen alle Menschen in Verzückung geraten. Im Gegenteil! Sie läuten

passiv

nämlich das Ende der Gemütlichkeit ein. Und um nicht Position beziehen zu müssen, gehen die Erwachsenen möglichen Konflikten mit ihren Kindern aus dem Weg. Die Konflikte, die sie als Folge davon mit sich selber auszutragen haben, die verschwinden deswegen nicht. Und das schlechte Gewissen auch nicht. Deshalb sind sie natürlich ausserordentlich dankbar für all die Ausreden, die ihnen der innere Schweinehund anbietet. Sie entbinden sie gewissermassen von der Verantwortung, unpopulär werden zu müssen, einen Streit mit dem Kind zu riskieren, sich der Angst auszusetzen, nicht mehr gemocht zu werden. Dafür sind sie bereit wegzuschauen, sich selber anzulügen, faule Kompromisse einzugehen.

Die Mutter ist sich beispielsweise durchaus bewusst, dass es für den Kleinen besser wäre, zu Fuss zur Schule zu gehen. So ist es auch abgemacht. Er aber hat keinen Bock darauf und will partout mit dem Auto hinchauffiert werden. Im Wissen, was passieren wird, wenn der Sprössling sich etwas in den Kopf gesetzt hat – Terror oder Lamento oder sonst ein Theater –, wirft die Mutter alle Vorsätze vorauseilend über Bord. Und gerät in ein Dilemma. Hier: das, was man tun sollte. Und da: die fehlende Fähigkeit oder Bereitschaft, es auch wirklich zu tun. Um vor sich selbst nicht allzu doof dazustehen, ist es gut, ein paar überzeugende Gründe zur Hand zu haben: «Es ist ja nur ein kleiner Umweg für mich.» Na dann, wenn es nur ein kleiner Umweg ist. «Es ist vielleicht sowieso besser, wenn ich ihn mit dem Auto bringe, er hat gestern schon ein bisschen gehustet. Hoffentlich wird er nicht krank.» Oh ja, da muss man aufpassen. Mit Husten ist nicht zu spassen. «Der Wetterbericht hat schon wieder leichte Niederschläge gemeldet.» Oh nein, bei dem Wetter schickt man ja keinen Hund vor die Türe. «Heute muss er ja noch die Sportsachen mitnehmen.» Nein, so was, der arme Kleine, die Sportsachen auch noch?!

ZU VIEL DES GUTEN: ZU VIEL RÜCKSICHT, ZU VIEL NACHSICHT.

So löst sich alles in Wohlgefallen auf. Sohnemann lässt sich zur Schule fahren, und die Mutter ist auch fein raus. Na gut, so ganz wohl ist ihr vielleicht auch nicht dabei. Deshalb macht sie dem Kind unmissverständlich klar: «Das war aber das letzte Mal, das allerletzte Mal. Warum muss ich dir das immer wieder sagen?» Weil Kinder lernen – zum Beispiel dass Worte mitunter sehr wenig mit Taten zu tun haben. Diese Lektion lernen sie schnell. Und nachhaltig.

Auch für die Erziehung gilt: Zu Fehlern und Versäumnissen gehören immer zwei – der sie macht und der sie zulässt. Wer erzieht, sieht sich deshalb immer wieder aufgefordert zu re-agieren. Was ist denn das? Eine Zigarettenpackung im Zimmer der Tochter. Und in letzter Zeit hängt sie immer bei den Kiffern herum. Jetzt reichts! Es wird immer schlimmer. Sie hält sich an nichts mehr und mault nur noch frech herum. So geht es nicht weiter! Jetzt muss etwas passieren!
Was immer man als Erwachsener tut: Man erzieht dauernd. Nicht erziehen geht nicht. Im engeren Sinne betrachtet funk-tioniert Erziehung allerdings häufig wie ein triviales Reiz-Re-aktions-Modell. Auf einen Reiz – Zigaretten gefunden – folgt eine Reaktion – Gardinenpredigt oder am Freitag nicht in den Ausgang oder ... oder ... oder. Erwachsene versuchen normaler-weise, «erziehend» zu reagieren, wenn die Tochter Sperenzchen macht oder der liebe Kleine wieder einmal die Sau rauslässt, und natürlich ausgerechnet dann, wenn Besuch kommt und das Zimmer auch noch aussieht, als hätte eine Bombe eingeschla-gen.
Wenn Kinder und Jugendliche ein Verhalten an den Tag legen, das nicht den Erwartungen der jeweiligen Betrachter entspricht, wird – von wem auch immer – Erziehungsbedarf moniert. Und das ist beileibe nicht immer falsch. Nur: Was heisst in solchen Situationen «Erziehung»? Wie reagiert man «richtig», wenn der Nachwuchs sich wieder einmal im Blindflug befindet auf der

reaktiv

Suche nach Grenzen? Die Frage führt zu einem Kernproblem: Reagieren. Denn: Auch ein noch so vielfältiges Wenn-dann-Repertoire im Spannungsfeld zwischen Ohrfeige und gemeinsamer seelischer Einkehr im Duft von Amyris und Sandelholz läuft in der Regel auf eine kurzfristige Situationsbewältigung hinaus. Der nächste Reiz lässt nicht lange auf sich warten. Und die nächste Reaktion auch nicht. Die Halbwertszeit der erzieherischen Wirkung verkürzt sich von Mal zu Mal. Und die Muster verfestigen sich. Erziehung im permanenten Reaktionsmodus mündet über kurz oder lang in einer Tretmühle der relativen Wirkungslosigkeit. Oder führt zu einer gegenteiligen Wirkung. Natürlich kann es nicht schaden, ein paar smarte Strategien zücken zu können, wenn der Sprössling wieder einmal seine Jacke hat liegen lassen oder wenn man nur noch mit dem Räumbagger ins Kinderzimmer kommt. Die Bücherregale und das Internet sind voll von Tipps und Tricks, was man tun könnte, wenn Max die Schule Scheisse findet und sich weigert aufzustehen oder wenn Chantal ihre Zeit damit vertut sich aufzuhübschen, um die Bilder ihrer Selbstinszenierung dann in der Welt herumzuschicken. Zu solchen und allen anderen Erziehungsfragen sind wahrscheinlich schon sämtliche Ratschläge vorwärts und rückwärts in allen Varianten niedergeschrieben und dokumentiert. Aber irgendwie scheint sich die unüberschaubare Menge an Erziehungsratgebern nicht sonderlich positiv auszuwirken auf das, was sich im Alltag abspielt. Denn trotz aller Tipps und Tricks scheinen sich Resignation und Hilflosigkeit breitzumachen. Wenn 85 Prozent der Erwachsenen – also jene, die eigentlich verantwortlich wären – sich darüber beklagen, dass Kinder zu viel Zeit vor der Mattscheibe verbringen (s. Grafik Seite 122), dann sagt das einiges über Wunsch und Wirklichkeit aus.

Bei Lichte besehen kann es eigentlich kaum überraschen, dass Eltern zunehmend Mühe bekunden, den Nachwuchs auf die Spur

> ES BRAUCHT EIN GANZES DORF, UM EIN KIND ZU ERZIEHEN.

zu bringen, und die Jungen ihrerseits ob der Anforderungen des Lebens zunehmend ins Jammertal auswandern.

Wer Kinder zu erziehen hat, sieht sich pausenlos einer aufdringlichen und höchst professionellen Verführungsmacht gegenüber. Mit allen Mitteln und auf allen Kanälen werden Kinder und Jugendliche angefixt. Sie sind ein ergiebiger Markt. Denn sie sind aufgrund ihrer Reifeentwicklung noch relativ einfach zu ködern. Darauf erzieherisch zu reagieren, das ist ein Kampf gegen Windmühlen. Ein Dauerkampf überdies. Denn der Nachwuchs hat Zeit, viel Zeit. Was macht er mit dieser Zeit? Im Garten helfen muss in der urbanisierten Welt kaum jemand. Die Hausarbeit erledigt sich weitgehend von selbst. Das heisst: Die Liste von möglichen Pflichten und Aufgaben ist normalerweise sehr kurz – wenn überhaupt etwas drauf steht. Also bleiben durchschnittlich zehn Stunden. Tag für Tag. Vielleicht sind es nur neun. Oder acht. Das ist immer noch unglaublich viel Zeit, die es einigermassen sinnvoll zu gestalten gilt. Und das inmitten unzähliger attraktiver Angebote des Abhängens. Sisyphus lässt grüssen, jener König aus Korinth, der zur Strafe einen Felsblock auf ewig einen Berg hinaufwälzen musste, der, fast am Gipfel, jedes Mal wieder ins Tal rollte. Eine Sisyphusarbeit halt – wie jene Erziehung, die sich buchstäblich erschöpft im Reagieren auf unerwünschtes Verhalten. Wenn Eltern sich als Folge davon überfordert fühlen, kann das nicht erstaunen. Wirklich nicht! Zumal sie heute meistens auf sich allein gestellt sind. Vor wenigen Jahrzehnten war die Erziehung noch viel stärker eine Gemeinschaftsaufgabe. «Es braucht ein Dorf, um ein Kind zu erziehen.» Das Diktum stammt aus Afrika. Es ist eine Metapher dafür, die Erziehung aus der Isolation der heimischen vier Wände zu holen. Denn: Erzieherisch auf sich allein gestellt im reaktiven Dauerringkampf mit den Verlockungen des Augenblicks – ein solcher Kampf gegen Windmühlen ist ein zutiefst ungleicher Kampf.

Wenn Kinder schwimmen lernen sollen, brauchen sie vor allem eines: Wasser. Und wenn sie lernen sollen, die Aufgaben des Lebens zu meistern, brauchen sie vor allem eines: lebensdienliche Aufgaben. Denn eben: Menschen lernen, was sie tun. Wenn sie dem Leben und seinen Herausforderungen ausweichen, lernen sie genau das: dem Leben und seinen Herausforderungen auszuweichen. Und je häufiger sie das tun, desto besser können sie es. Aber: Das Leben und seine Herausforderungen schwänzen, das kann ja nicht die Idee einer verantwortungsvollen Erziehung sein. Deshalb muss sie genau in die entgegengesetzte Richtung zielen. Sie muss Kinder und Jugendliche über längere Zeit mit liebevoller, doch gleichwohl konstanter und nicht nachlassender Beharrlichkeit im Aufbau guter Gewohnheiten unterstützen. Sie von der Abhängigkeit in die Unabhängigkeit führen – fördern, aber auch fordern. Und einfordern. Ein wesentlicher Teil dessen, was Menschen tun, tun sie, weil sie es immer schon so getan haben. Aus lauter Gewohnheit. Deshalb eben heisst Erziehung: Gewohnheiten aufbauen. Und gute Erziehung heisst dann eben: gute Gewohnheiten aufbauen.

Solche guten Gewohnheiten sind, wenn man über längere Zeit regelmässig Dinge tut, die gut sind für einen, so etwas wie Investitionen in die eigene Zukunft. Investitionen zielen auf einen langfristigen und nachhaltigen Ertrag. Das gilt ohne Abstriche auch für die Erziehung. Nicht nur «gouverner c'est prévoir», auch die Unterstützung der Kinder auf ihrem Weg in die Zukunft ist viel mehr Vorausschauen als Reagieren. Das setzt Transparenz voraus. Wenn Kinder sich «richtig» verhalten sollen, müssen sie wissen, was «richtig» ist. Sie müssen wissen, wo die Grenzen sind und wer sie setzt. Sie müssen die Erwartungen kennen, sich bewusst sein, was geht – und was nicht. Das ist aber nicht eine in Stein gemeisselte Gesetzessammlung, die für alle Zeit und Ewigkeit Gültigkeit hat. Es versteht sich vielmehr als ein permanenter Klärungsprozess, der in den Alltagssituationen das «Richtig» oder «Falsch» anschaulich und erlebbar macht. Und der auch spürbar werden lässt, dass «Richtig» bei den Erwachsenen zu anderen Reaktionen führt als «Falsch». Denn Klarheit entsteht weniger durch das, was gesagt, als vielmehr durch das, was getan wird. Das wiederum heisst für die Erwachsenen: Entscheidungen treffen und mitunter auch unpopulär sein. Das ist heutzutage leichter gesagt als getan. Spielt keine Rolle – getan werden muss es trotzdem. Und wenn die Jugendlichen es nicht selber können (was man ihnen nicht verargen kann), müssen es die Erwachsenen für sie tun. Das ist Teil dessen, was man Erziehung nennt: Einflussnahme auf das Verhalten und die Entwicklung. Und das funktioniert weitaus entspannter und

ALLES, WAS GESCHIEHT, IST DIE FOLGE VON ENTSCHEIDUNGEN, DIE WIR ZUVOR GETROFFEN HABEN.

Jedes Ding an seinen Ort

Gute Gewohnheiten sind das Produkt guter Gewohnheiten. «Jedes Ding an seinen Ort» ist so eine. Klar und einfach. Und plausibel. Wenn Kinder von klein auf lernen, dass keine Unordnung aufräumen muss, wer keine macht, sparen sie sich eine Menge Zeit. Und Ärger. Ordnung halten, das folgt einer durchaus simplen, aber höchst wirkungsvollen Regel: Spare in der Zeit (zum Beispiel Zeit), dann hast du in der Not. Und noch etwas: Wer aufräumt, räumt nicht nur seine Sachen auf, sondern auch sich selbst.

entkrampfter, wenn man als Vater oder Mutter nicht als Einzel-
maske unterwegs ist, wenn man sich Unterstützung organisiert,
die Investitionen nicht allein tragen muss.

Aber: Dabei geht es nicht um Rezepte. Überhaupt nicht. Es geht
darum, die Lebensgewohnheiten zu verändern. Um nicht mehr
und nicht weniger. Die Eltern brauchen – wieder – die Hilfe der
Welt. Wie früher: Das Leben ist der beste Lehrmeister. Es ist
beispielsweise konsequent – es hört nicht auf zu regnen, nur
weil man die Regenjacke vergessen hat. Weltbezug, Änderung
von Lebensgewohnheiten (mit Betonung auf Gewohnheiten), das
klingt nach Anstrengung. Und es klingt nicht nur so.

«Wir kreieren erst unsere Gewohnheiten und dann kreieren
unsere Gewohnheiten uns.» Der englische Dramatiker John
Dryden bringt es treffend auf den Punkt. Gewohnheiten steuern
nicht nur das Tun. Sie entwickeln sich auch durch das Tun. Tun –
diese drei Buchstaben bestimmen massgeblich, wie Menschen
werden, was aus ihnen wird. Das heisst: Kinder und Jugendliche
müssen Dinge tun, die sie fördern und fordern. Sie brauchen
sinnvolle und bedeutsame Aufgaben. Marty Rossmann von der
University of Minnesota hat die Lebensläufe von Kindern bis in
ihr Erwachsenenalter unter die Lupe genommen. Dabei ist sie
zu folgendem Ergebnis gekommen: Bei Kindern, die schon ab
einem Alter von drei oder vier Jahren kleine Alltagsaufgaben
übernommen haben, war die Wahrscheinlichkeit einer erfolgreichen Lebensgestaltung am höchsten. Kinder, die bis zum Alter
von 15 oder 16 Jahren überhaupt keine Verantwortung für die
Ordnung im Haus übernehmen mussten, wiesen das höchste
Risiko für ernsthafte Probleme in der beruflichen und persönlichen Entwicklung auf.[1]

---

1 «Involving Children in Chores: Is It Worth the Effort?» ResearchWORKS.
   College of Education and Human Development, University of Minnesota.
   Minnesota. September 2002.

Ich bin gross und kann das schon
Altersgerechte Hausarbeiten für Kinder

2-3 Jahre	4-5 Jahre	6-7 Jahre
• Spielzeug aufräumen • Bücher ins Regal stapeln • Dreckige Wäsche in den Wäschekorb packen • Müll wegschmeissen • kleine Dinge tragen • Wäsche zusammenpacken • Tisch decken • Windeln und Feuchttücher holen • Staubwischen	• Haustiere füttern • Verschüttetes aufwischen • Spielzeug einsortieren • Bett machen • Pflanzen giessen • Besteck einsortieren • kleinen Snack vorbereiten • Handstaubsauger benutzen • Küchentisch säubern • Geschirr abtrocknen und wegräumen • Türgriffe abwischen	• Müll trennen • Handtücher falten • Staubsaugen • Geschirrspülmaschine ausräumen • Socken sortieren • Unkraut im Garten jäten • Laub harken • Gemüse schälen • Salat machen • Toilettenpapier ersetzen

Quelle: www.eltern-ag.de, 2017.

Es ist ja schön, dass es Forschungsarbeiten dazu gibt. Aber Hand aufs Herz: Das ist ja nun weiss Gott nicht gerade die bahnbrechende Überraschung. Wer etwas Sinnvolles tut, wer sich nützlich macht, wer Verantwortung übernimmt, wer sich darüber freuen darf, etwas geleistet zu haben, der lernt, etwas Sinnvolles zu tun, sich nützlich zu machen, Verantwortung zu übernehmen, sich darüber zu freuen, etwas geleistet zu haben. Das heisst: Kinder brauchen sinnstiftende Aufgaben, die durchaus – zumindest am Rande – etwas mit Leistung und Anstrengung zu tun haben dürfen. Von klein auf und täglich. Sich beteiligen an dem, was zu tun ist, soll nicht die Ausnahme sein, sondern die Regel. Je früher man beginnt, den Nachwuchs aktiv einzubeziehen, desto schneller festigt sich beim Kind das Wissen über die Notwendigkeit seines Tuns. Was aber zur guten

WAS ES VERDIENT, GETAN ZU WERDEN, VERDIENT ES AUCH, RICHTIG GETAN ZU WERDEN.

Warum nicht gleich richtig?

Es gibt keinen Grund, «Toilettenpapier» auf der Einkaufs-liste falsch zu schreiben. Auch wenn es nur die Einkaufs-liste ist. Und nur Toilettenpapier. Wer als Kind gelernt hat, nicht mit dem erstbesten Ergebnis zufrieden zu sein, hat viel gelernt. Die Dinge richtig machen zu wollen und sich dafür anzustrengen, dass muss die erzieherische Grund-haltung sein. Eine unbequeme, zugegeben. Aber eine notwendige, wenn man seine Kinder möglichst häufig das gute Gefühl erleben lassen will, «es» geschafft zu haben, sich selbstwirksam zu fühlen.

Gewohnheit geworden ist, hat die Chance, eine gute Gewohnheit zu bleiben, auch wenn die Pubertät noch interessantere Angebo-te im Sortiment hätte.

Sinnvolle und bedeutsame Aufgaben finden sich in den urbanen Lebensformen immer weniger. Der Haushalt findet nicht statt oder er ist automatisiert. Aber auch ausserhalb der eigenen vier Wände gibt es unzählige Möglichkeiten, sich nützlich zu machen. Und allenfalls lässt sich das sogar kombinieren mit sozialer Ver-antwortung. Zum Beispiel beim Babysitting. Regelmässig (zum Beispiel wöchentlich) kleine Kinder hüten, das eröffnet vielfältige Lern- und Erfahrungsfelder. Verantwortung für Kleine über-nehmen, das heisst: das Leben im Konjunktiv verlassen – echte

Aufgaben meistern mit echten Betroffenen in echten Situationen. Mit dem kleinen süssen Fratz zu spielen, das ist nur eines der Felder. Es gibt auch andere: Gefahren erkennen beispielsweise, richtig reagieren können, die Aufgabe ernst nehmen und entsprechend zuverlässig sein.

Eigentlich spielt es weniger eine Rolle, welche Verantwortungen und Aufgaben die Heranwachsenden übernehmen. Hautsache, sie tun es. Ob im Haushalt, beim Babysitten, im Altersheim, bei den Pfadfindern, beim Ferienjob, im Praktikum – die Kinder sollten möglichst häufig Gelegenheit haben, sich zu engagieren, sich nützlich zu machen, das Gefühl zu erleben, der Widrigkeiten und der spassigen Alternativen zum Trotz etwas Sinnvolles geleistet zu haben. «Wer sich nicht mag», hat Friedrich Nietzsche einst zu bedenken gegeben, «ist fortwährend bereit, sich dafür zu rächen.» Also, lassen wir Kinder sinnvolle und herausfordernde Dinge tun. Dann mögen sie sich. Und müssen sich nicht rächen. Klar, sich nützlich machen, das eignet sich nicht als Tipp für die kurzfristige erzieherische Konfliktbewältigung. Aber Erziehung muss sich ohnehin viel mehr als eine Investition verstehen, als etwas Proaktives, etwas, von dem man nicht immer gleich sofort das kindliche Wohlverhalten auf dem Silbertablett präsentiert erhält. Erziehe in der Zeit, so hast du in der Not, lautet deshalb das Motto.

Wer in seiner Jugend Mitglied eines Sportclubs war, der weiss: **Regelmässige Verpflichtungen**, das ist beileibe nicht einfach Spass und Freude pur. Mindestens zweimal wöchentlich – und je nach Ambition natürlich noch häufiger – ruft das Training. Das ist meistens ein Lockruf und gelegentlich eine Pflicht. Und ein Bekenntnis. Das Sportfeld ist deutlich mehr als ein Ort, an dem man lernt, Bälle ins Netz zu versenken – oder genau das zu verhindern, je nach Position und Sportart. Kinder und Jugendliche sind hier ohne Eltern mit «Gleichgesinnten» zusammen. Das fordert sie auf, ihr Sozialverhalten gruppenfähig zu gestalten.

Sie lernen, sich einzubringen und sich anzupassen, sich als Teil einer Gemeinschaft zu fühlen und sich für die Gemeinschaft einzusetzen. Sie haben die Möglichkeit zu lernen, dass das Leben manchmal Enttäuschungen bereithält (zum Beispiel, wenn man auf der Ersatzbank Platz nehmen muss), aber auch viele Freuden (zum Beispiel, wenn man nicht auf der Ersatzbank Platz nehmen muss, weil man sich im Training ganz toll eingesetzt hat). Man stellt fest, dass der wiederkehrende und ritualisierte

Trainingsbesuch einem gelegentlich auch stinkt. Und man kann die Erfahrung gewinnen, dass es ein gutes Gefühl ist, trotzdem gegangen zu sein und sich eingesetzt zu haben. Man kann lernen, sich an Regeln zu halten, pünktlich zu Hause zu sein nach dem Training, die Aufgaben vorher erledigt zu haben. Kurz: Man kann lernen, verlässlich zu sein, «vertragsfähig» quasi. Abgesehen davon, dass sportliche Aktivitäten heutzutage an sich schon ein Gewinn sind, sich zusammen mit anderen regelmässig für etwas Gemeinsames zu engagieren, das kann man auch im Orchester oder in der Modellfluggruppe oder bei den Pfadfindern. Wichtig ist: Ich trage zum Gelingen bei. Ich entscheide mich für das Gute, auch wenn es manchmal anstrengend ist. Und ich bleibe dabei. Auch hier gilt: Die gute Gewohnheit reduziert die Wahrscheinlichkeit, dass Kinder und Jugendliche jemanden brauchen, der mit ihnen klärt, dass Vereinbarungen getroffen werden, um eingehalten zu werden.

Vom Bett in den Bus oder ins Auto. Sogar der Schulweg lässt sich heutzutage quasi bewegungsneutral bewältigen. Der Hintern ist der wichtigste Körperteil. Die Bequemlichkeit gibt den Takt an. Deshalb richten Schulen neuerdings sogenannte Elternhaltestellen ein. Die treu besorgten Mütter und Väter können ihre Sprösslinge zwar nicht direkt ins Klassenzimmer karren. Aber immerhin: Sie können sie direkt vor dem Eingang ausladen. Allerdings: Spätestens seit Juvenal (und damit seit zweitausend Jahren) sind die Zusammenhänge zwischen geistiger und körperlicher Aktivität kein Geheimnis mehr. Nicht nur deshalb muss der **Schulweg** wieder zu einer Angelegenheit der Kinder werden. Aber auch. Damit er nicht zur Bequemlichkeitsfalle wird. Und weil er vielfältige und vielzählige Erfahrungs- und Lerngelegenheiten bietet. Beziehungsweise: bieten kann.

Kinder zeichnen
ihren Schulweg.

Funktional betrachtet ist der Schulweg eine zu überwindende
Distanz zwischen Elternhaus und Schule. Diese Distanz lässt
sich zu Fuss überwinden, mit dem Velo oder in einem Gefährt,
alleine oder zusammen mit anderen. Alle Varianten erfüllen eine
äussere Bedingung, damit Schule stattfinden kann, aber eben
nur eine äussere, physikalische – um von Z wie zu Hause nach S
wie Schule zu gelangen. Die Art und Weise der Überwindung dieser Distanz hat prägende Auswirkungen auf die Sozialisation der
Heranwachsenden. Das zeigt sich eindrücklich und bedrückend
dann, wenn Kinder ihren Schulweg zeichnen. Für die einen,
jene, die gefahren werden, ist der Schulweg eine schwarz-graue
geometrisch anmutende Figur. Für die anderen, die Fussgänger,
ein Handlungs- und Erlebnisraum, eine reiche, bunte Welt mit
Blumen, Bäumen, Häusern und Menschen. Mit anderen Worten:
Der Weg zur Schule und zurück wäre eigentlich ein fabelhafter
Erziehungshelfer. Im natürlichen Trainingsraum «Schulweg»
üben sich Kinder in ihrem Sozialverhalten, echt, nicht als Rollen-
spiel. Sie erhalten Rückmeldungen, deren Ecken und Kanten
nicht vorher pädagogisch abgeschliffen worden sind. Sie können
Hilfsbereitschaft zeigen – und erleben, selber Regeln aufstellen
– und sich daran zu halten. Das heisst: Kinder lernen losgelöst
vom elterlichen Gängelband Verantwortung zu übernehmen und
mit Widerständen umzugehen – zum Beispiel wenn es regnet
und sie statt einer Autofahrt zu hören bekommen, es gebe kein
schlechtes Wetter, nur schlechte Kleidung.

Kinder alleine rauszulassen, zu zweckfreiem Spielen, zum
Stromern, das passt schlecht ins zeitgeistige Erziehungssche-
ma. Wenn die Sprösslinge in den Sechzigerjahren noch in einem
Radius von mehreren Kilometern frei und ungezwungen herum-
stromerten, entfernen sie sich mittlerweile allein kaum noch
ein paar hundert Meter vom eigenen Zimmer. «Verinselte» oder
«verhäuslichte» Kindheit wird diese Entwicklung genannt. Eine
niedliche Vokabel für ein hässliches Defizit, das den Kinderschu-

hen entwächst und sich zum Generationenproblem entwickelt. Denn es zeigt sich immer drastischer, wie wichtig für Kinder das freie Spiel an der frischen Luft ist. Es ist nicht nur gesund, weil es körperliche und geistige Fähigkeiten fördert, es unterstützt auch die Entwicklung sozialer Kompetenzen. Herumstromern als erzieherisches Wundermittel?

Strawanzen und stromern sind putzige deutsche Wörter. Sie beschreiben, was Kinder heute mit Vorliebe tun. Allerdings ist die moderne Form des Stromerns alles andere als putzig. Denn Kinder stromern nicht in der Natur, sie strawanzen auf den Netzwerken herum. Nicht in Gruppen, sondern alleine. Sie bewegen sich nicht in sumpfigen Gelände, sondern in medialen Seichtgebieten und finden nicht Frösche oder ein altes Sackmesser, sondern Filmchen mit teils übelsten Inhalten und anderen Schrott. Heutzutage werden landauf, landab Bäche und Flüsse renaturiert. Es ist höchste Zeit, auch die Zeit des Aufwachsens wieder zu renaturieren. So gesehen wäre es einer gesunden Entwicklung durchaus zuträglich, wenn die Kinder wieder herumstromern würden.

Aber eben: richtig. Draussen. In der Natur, abgekoppelt von der digitalen Nabelschnur, ohne Handy und ohne Knopf im Ohr. Zu zweit, zu dritt, zu viert unterwegs sein, ohne eigent-

Schule und Erziehung

Nach 1968 wurde aus politischen Gründen die «Erziehung» immer mehr aus den Schulen verbannt. Der Akzent wurde sprachlich auf «Bildung» gelegt. So wurden in der Schweiz die Erziehungsdirektionen zu Bildungsdirektionen umfirmiert. Der Etikettenschwindel hat an der Bedürfnislage nichts geändert. Logisch: Bildung und Erziehung lassen sich nicht trennen. Als «pädagogische Einflussnahme auf das Verhalten und die Entwicklung Heranwachsender» wird Erziehung definiert. Genau das ist Aufgabe der Schulen. Also eigentlich Erziehung. Die gesellschaftlichen Veränderungen der letzten zwei, drei Jahrzehnte überfordern die Schulen und ihr Personal in zunehmendem Masse. Es fehlt dem Nachwuchs an Disziplin, an Konzentrationsfähigkeit, an Impulskontrolle – also an den Voraussetzungen für erfolgreiches Lernen.

Das heisst: Je mehr «Erziehung» nötig ist, desto weniger «Bildung» ist möglich. Das heisst: Es kommen neue und unbequeme Aufgaben auf die Schule zu – wenn sie will, dass die Schüler fit werden und die Lehrer gesund bleiben sollen. An erfolgreichen Beispielen fehlt es nicht. Zwei seien exemplarisch herausgegriffen:

www.institutbeatenberg.ch
www.kipp.org

liches Ziel und ohne Ortsbindung, auf Entdeckung aus und offen
für das, was einem begegnet, die Gegenwart erleben und sich
spüren durch das, was man unternimmt, zu Fuss oder auf dem
Rad – das ist die Art von Stromern, die Kinder und Jugendliche
brauchen, dringend brauchen in dieser denaturierten, wesens-
fremden und schnelllebigen Zeit. Kurz: Sie brauchen ein **Leben
aus erster Hand**. Was früher normal und selbstverständlich war,
muss heute gelernt werden. Und wo lernen Kinder das? Dort, wo
es stattfindet, abseits der urbanen, kinderfeindlichen Gebiete,
im Wald, bei den Höhlen, am Bach. Dort sollten sich Heranwachsende möglichst oft aufhalten, dort, wo das Leben noch in seiner
mehr oder weniger ursprünglichen Art erlebbar wird, beispielsweise wenn man einen Bach staut, schauen muss, welche Steine
am besten passen, so dass möglichst wenig Wasser durch-
fliessen kann. Das birgt das Risiko, ins Wasser zu fallen, nass zu
werden, sich womöglich eine Schürfwunde zuzuziehen. Wunder-
bar! So lernt man, ein bisschen die Zähne zusammenzubeissen
und weiterzufahren im Wissen, dass das a.) nicht das letzte Mal
sein wird und b.) die Kleider von selbst wieder trocken werden.
Und wenn nicht, spielt es auch keine Rolle.

Draussen ist wie Fenster öffnen, nur krasser. Natur ist nicht nur
krasser – auch gesünder, in einem umfassenden Sinne. Allerdings: Sie liegt heute meist nicht einfach direkt vor der Haustüre.
Man muss aktiv etwas unternehmen, wie für andere erziehungs-
wirksame Dinge auch. Beziehungsweise: Wer will, kann ihnen
ausweichen – der Bewegung, der Natur, der Herausforderung,
der Anstrengung. Das heisst: Was sich früher quasi von selbst
ergeben hat, muss heute von Eltern und Kindern organisiert
werden, weil die Notwendigkeiten reduziert worden sind. Den
Schulweg kann man trockenen Fusses und im Sitzen zurückle-
gen. Und die Bilder von Flamingos oder Eulenäffchen lassen sich
auf dem Bildschirm herbeiwischen. Man sagt dem dann Natur.
Und dass es eben auch geht ohne Natur, ohne Bewegung, ohne
Anstrengung, das erschwert den Zugang zum Leben aus erster

Hand. Es ist eine Hürde, die es erst einmal zu überwinden gilt. Stimmt. Den nächstliegenden Wald erreicht man nicht mit dem Fahrstuhl. Und im Treppenhaus fliesst auch kein Bach vorbei. Ja, ist so. Aber das ändert aber kein Jota an der Erkenntnis, dass genau diese Erlebnisse abseits urbaner Hektik die Quellen sind, aus denen sich eine gesunde Entwicklung nährt. Also: Zurück zur Natur! Jean-Jacques Rousseau hat das schon vor einem Vierteljahrhundert propagiert – mit bescheidenem Erfolg, wie sich heute zeigt. Dennoch – oder gerade deswegen: Herumstromern in der Natur hat eine nachhaltige erzieherische Wirkung. Abgesehen davon, dass man viele nützliche Dinge lernt – bei Regen Feuer entfachen, auf die richtigen Steine springen, um über den Bach zu kommen, Abfall nicht einfach wegschmeissen, wissen, welche Beeren ungiftig sind und wie sie schmecken, sich bei einem Gewitter richtig verhalten –, also abgesehen von solchen und vielen anderen wichtigen Lerngelegenheiten bietet der Aufenthalt in der Natur den Kindern und Jugendlichen etwas, das ihnen weitgehend abhandengekommen ist: Ruhe, Entschleunigung, die Möglichkeit, seine Sinne zu nutzen. Und: sich in der Natur zu bewegen, sich an ihr zu messen, das stärkt und kräftigt.

Deshalb: Kinder zu schonen, heisst letztlich, ihnen zu schaden. Das ist aber beileibe kein Aufruf, die Kindheit abzuschaffen. Überhaupt nicht. Kinder sollen ihr Kindsein geniessen können. Dazu gehört auch, jede Menge Spass zu haben. Natürlich! Aber das steht in keinerlei Widerspruch zu einem aktiven und engagierten Leben. Im Gegenteil! Heranwachsende müssen sich freuen können an dem, was sie tun. Möglichst häufig. Auch wenn das zuweilen unbequem und anstrengend sein kann. Man muss sich einfach schleunigst verabschieden von der hirnrissigen Idee, ein glückliches (Kinder-)Leben erschöpfe sich im Nichtstun.

Bildverzeichnis

Zum Autor

Andreas Müller leitet das Institut Beatenberg. Seine Stimme hat Gewicht. Sie wird gehört. Nicht immer gerne zwar. Weil er unbequem ist. Weil er Dinge beim Namen nennt, die nicht alle gerne hören. Vor allem jene nicht, die es sich behaglich eingerichtet haben in der Schule und in ihrem Umfeld. Andreas Müller räumt in seinen Publikationen und Vorträgen mit den gängigen Lehr-Lern-Illusionen auf. Gründlich. Aber er prangert nicht nur an. Das wäre ihm zu einfach. Er zeigt auch Lösungen auf – theoretisch fundiert und praktisch erprobt. Aber eben meist auch unbequem.

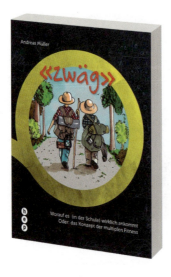

der bildungsverlag
www.hep-verlag.com

Andreas Müller

«zwäg»

Worauf es (in der Schule) wirklich ankommt.

Oder: das Konzept der multiplen Fitness

«Zwäg» – vier Buchstaben für einen ganzen Bildungsplan. Eine theoretische und praxisbezogene Darstellung der Konzepte multiple Fitness, edukative Sozialpädagogik und personalisiertes Lernen.

Junge Menschen sind ihre eigene Zukunft. Dafür müssen sie fit sein, fit in einem umfassenden, einem multiplen Sinne. «Zwäg» heisst das in Berner Mundart. «Zwäg» ist, wer vorbereitet ist auf das, was kommen mag – in jeder Beziehung. Und ein «zwäger» Typ geniesst als Mensch Respekt und die Wertschätzung. Das fällt nicht vom Himmel. Wer fit oder eben «zwäg» werden will – mental, emotional, sozial, fachlich, körperlich – muss etwas tun dafür, muss die Komfortzone verlassen. Daraus ergibt sich ein Auftrag an die Schule: Begriffe wie Leistung, Anstrengung, Fleiss aus der gesellschaftlichen Versenkung holen und zum Programm erheben – konstruktiv und lustvoll. Dazu muss die Schule pädagogisch Einfluss nehmen auf das Verhalten der Lernenden. Erziehung wird das genannt.